Coleção mentalidade de sucesso

O jogo da vida e como jogá-lo

Estratégias mentais para o sucesso na vida e nos negócios

Coleção mentalidade de sucesso

Florence Scovel Shinn

O jogo da vida e como jogá-lo

Estratégias mentais para o sucesso na vida e nos negócios

Tradução
Patricia Benvenuti

Principis

Esta é uma publicação Principis, selo exclusivo da Ciranda Cultural
© 2025 Ciranda Cultural Editora e Distribuidora Ltda.

Traduzido do original em inglês
The Writings of Florence Scovel Shinn –
The game of life

Texto
Florence Scovel Shinn

Editora
Michele de Souza Barbosa

Tradução
Patricia Benvenuti

Preparação
Walter Sagardoy

Produção editorial
Ciranda Cultural

Diagramação
Linea Editora

Revisão
Fernanda R. Braga Simon

Design de capa
Ana Dobón

Ilustração
Mark Rademaker/Shutterstock.com

Dados Internacionais de Catalogação na Publicação (CIP) de acordo com ISBD

S555j	Shinn, Florence Scovel
	O jogo da vida e como jogá-lo / Florence Scovel Shinn ; traduzido por Patrícia Benvenuti. - Jandira, SP : Principis, 2025.
	96 p. : il. ; 15,5cm x 22,6cm.
	ISBN: 978-65-5097-250-9
	1. Psicologia. 2. Desenvolvimento pessoal. 3. Inspiração. 4. Filosofia. I. Benvenuti, Patrícia. II. Título.
2025-1446	CDD 150 CDU 159.9

Elaborado por Odilio Hilario Moreira Junior - CRB-8/9949

Índice para catálogo sistemático:
1. Psicologia 150
2. Psicologia 159.9

1ª edição em 2025
www.cirandacultural.com.br
Todos os direitos reservados.
Nenhuma parte desta publicação pode ser reproduzida, arquivada em sistema de busca ou transmitida por qualquer meio, seja ele eletrônico, fotocópia, gravação ou outros, sem prévia autorização do detentor dos direitos, e não pode circular encadernada ou encapada de maneira distinta daquela em que foi publicada, ou sem que as mesmas condições sejam impostas aos compradores subsequentes.

Esta obra reproduz costumes e comportamentos da época em que foi escrita.

Sumário

O jogo 7

A lei da prosperidade 16

O poder da palavra 23

A lei da irresistência 30

A lei do carma e a lei do perdão 40

Lançando o fardo: impressionando o subconsciente 48

Amor 56

Intuição ou orientação 65

Autoexpressão perfeita ou projeto divino 74

Negações e afirmações 83

Sobre a autora 93

O jogo

A maioria das pessoas considera a vida uma batalha, mas é um jogo. Um jogo, porém, que não pode ser jogado de forma eficiente sem o conhecimento da lei espiritual, e o Antigo e o Novo Testamentos ditam as regras com magnífica clareza. Jesus Cristo ensinou que é um grande jogo de *dar* e r*eceber*.

"Pois o que o homem semear, isso também colherá."[1] Isso significa que tudo que o homem emitir em palavra ou ação retornará para ele; o que ele der, receberá. Se der ódio, receberá ódio; se der amor, receberá amor; se der julgamentos, receberá julgamentos; se mentir, receberá mentira; se trair, será traído. Também somos ensinados que a capacidade de imaginação interpreta um papel principal no jogo da vida.

---

[1] Todos os trechos bíblicos foram retirados do site bibliaon.com. (N.T.)

> "Sobre tudo o que se deve guardar, guarda
> o teu coração (ou imaginação), porque
> dele procedem as saídas da vida."
>
> (Provérbios 4:23)

Isso quer dizer que o que o homem imagina, cedo ou tarde, se externaliza em seus assuntos. Conheço um homem que temia certa doença. Era uma doença muito rara, difícil de pegar, mas ele a visualizava continuamente e lia sobre o assunto; até que ela se manifestou em seu corpo e ele morreu, vítima de uma imaginação distorcida.

Podemos ver que, para ter êxito no jogo da vida, precisamos treinar a capacidade imaginativa. Alguém com uma capacidade imaginativa treinada para idealizar apenas o bem trará para sua vida "cada desejo legítimo de seu coração": saúde, prosperidade, amor, amigos, autoexpressão perfeita, seus ideais mais altos.

A imaginação já foi chamada de "as tesouras da mente" e está sempre podando e podando, dia após dia, as imagens que o homem enxerga; e, mais cedo ou mais tarde, ele encontra suas criações no mundo externo. Para ser bem-sucedido ao treinar a imaginação, o homem precisa entender o funcionamento da mente. Os gregos disseram "conhece-te a ti mesmo".

Existem três departamentos da mente: o **SUBCONSCIENTE**, o **CONSCIENTE** e o **SUPERCONSCIENTE**. O subconsciente é simplesmente poder, sem direção. É como vapor ou eletricidade, e faz o que é orientado a fazer; não tem poder de indução.

O que o homem sente com intensidade, ou imagina com clareza, é gravado na mente subconsciente e conduzido em detalhes ínfimos.

Por exemplo: uma mulher que conheço, quando criança, sempre "fazia de conta" que era viúva. Ela se "fantasiava" com roupas pretas e usava um logo véu negro, e as pessoas a consideravam muito inteligente e engraçada. Quando cresceu, casou-se com um homem por quem estava profundamente apaixonada. Em pouco tempo ele morreu e, por muitos anos, ela teve de usar preto e um véu até o chão. A imagem de si mesma como viúva foi gravada na mente subconsciente e, no tempo devido, se externalizou, indiferente ao caos criado.

A mente consciente já foi chamada de mente mortal ou carnal. É a mente humana e enxerga a vida como ela aparenta ser. Vê morte, desastres, doenças, pobreza e limitações de todos os tipos e os grava no subconsciente.

A mente **SUPERCONSCIENTE** é a mente de Deus em cada um, o reino das ideias perfeitas. Nela está o "padrão perfeito" dito por Platão, **O PROJETO DIVINO**; pois há um **PROJETO DIVINO** para cada pessoa.

HÁ UM LUGAR QUE DEVE SER OCUPADO POR VOCÊ E POR MAIS NINGUÉM; ALGO QUE VOCÊ DEVE FAZER QUE NINGUÉM MAIS PODE.

Existe uma imagem perfeita disso na **MENTE SUPERCONSCIENTE**. Geralmente lampeja pelo consciente como um ideal inatingível: "algo bom demais para ser verdade". Na realidade, é o verdadeiro destino (ou direção) do homem, mostrado a ele pela Inteligência Infinita que há **DENTRO DE SI**.

Muitas pessoas, contudo, são ignorantes sobre seus verdadeiros destinos e empenham-se por coisas e situações que não lhes pertencem e que trariam apenas fracasso e insatisfação se conquistadas.

Uma mulher, por exemplo, veio até mim e pediu que eu "proferisse a palavra" sobre ela se casar com um certo homem por quem estava muito apaixonada. (Ela o chamava de A.B.)

Respondi que isso seria uma violação da lei espiritual, mas que eu iria proferir sobre o homem certo, a "seleção divina", o homem que pertencia a ela por direito divino. Acrescentei:

– Se A.B. for o homem certo, não poderá perdê-lo; e, se não for, você receberá seu equivalente.

Ela via A.B. com frequência, mas a amizade não progredia. Uma tarde, ela me ligou e disse:

– Sabe, na última semana, A.B. não me pareceu tão maravilhoso.

Respondi:

– Talvez ele não seja a seleção divina; talvez outro homem seja o certo.

Logo depois, ela conheceu outro homem, que se apaixonou instantaneamente e disse que ela era perfeita. Na verdade, ele disse todas as coisas que ela sempre desejou que A.B. dissesse.

Ela comentou:

– Foi muito impressionante.

E, prontamente, retribuiu o amor, perdendo todo o interesse por A.B.

Isso mostra a lei da substituição. Uma ideia certa foi substituída pela errada, portanto não houve perda ou sacrifício envolvido.

Jesus Cristo disse: "Buscai primeiro o reino de Deus, e a sua justiça, e todas estas coisas vos serão acrescentadas", e disse que o reino estava **DENTRO DE CADA HOMEM**.

O reino é o território das **IDEIAS CERTAS**, ou o padrão divino. Jesus Cristo ensinou que as palavras dos homens interpretam um papel principal no jogo da vida. "Pois por suas palavras você será absolvido, e por suas palavras será condenado."

Muitas pessoas trouxeram desgraças para suas vidas por meio de palavras vãs.

Certa vez, uma mulher me perguntou por que sua vida encontrava-se no limite da pobreza. No passado, ela tinha uma casa, estava cercada de coisas bonitas e, frequentemente, cansava-se da administração do lar, repetindo: "Estou farta e exausta de tudo... Queria morar em um baú". E acrescentou: "Hoje eu vivo naquele baú".

Ela se colocou lá por suas próprias palavras. A mente subconsciente não tem senso de humor, e as pessoas costumam se meter em experiências infelizes por brincadeira.

Por exemplo: uma mulher que possuía grande quantidade de dinheiro brincava com frequência sobre se "preparar para o lar dos pobres". Em alguns anos, ela se tornou quase indigente, gravando na mente subconsciente uma imagem de escassez e limitações.

Felizmente, a lei funciona de ambos os modos, e uma situação de escassez pode ser transformada em uma de abundância.

Uma mulher me procurou em um dia quente de verão para um "tratamento" de prosperidade. Estava esgotada, deprimida e desencorajada. Disse que possuía apenas oito dólares no total. Eu disse a ela:

– Bom, vamos abençoar esses oito dólares e multiplicá-los como Jesus Cristo multiplicou os pães e os peixes, pois Ele nos ensinou que todos os homens têm o poder de abençoar e multiplicar, de curar e de prosperar.

Ela perguntou:

– O que devo fazer depois?

Respondi:

– Siga sua intuição. Você tem um "palpite"' para fazer alguma coisa ou ir a algum lugar?

Intuição significa "ensino interior", ou seja, ser ensinado pelo que há dentro de si. Ela é a guia infalível do homem, e lidarei com suas leis de modo mais profundo em um capítulo posterior.

A mulher respondeu:

– Não sei... pareço ter um "pressentimento" de ir para casa, mas tenho dinheiro suficiente apenas para a passagem.

Sua casa ficava em uma cidade distante, muito pobre e limitada em oportunidades, e a mente racional (ou intelecto) teria dito: "Fique em Nova York, arranje um emprego e ganhe algum dinheiro".

Respondi:

– Então vá para casa. Nunca desrespeite um pressentimento.

Em seguida, falei as seguintes palavras:

– O Espírito Infinito abre o caminho para a abundância extrema, pois ela é um ímã irresistível a tudo que lhe pertence pelo direito divino.

Também pedi que ela repetisse essa frase várias vezes. Ela foi para casa no mesmo instante. Um dia, ao visitar uma amiga de sua família, ela se conectou com outro amigo e, por meio dele, recebeu milhares de dólares de maneira milagrosa. Ela me disse muitas vezes: "conte para as pessoas sobre a mulher que veio até você com oito dólares e um pressentimento".

Sempre há **FARTURA NO PERCURSO DO HOMEM**, mas só pode **SER MANIFESTADA** por meio do desejo, da fé ou da palavra falada. Jesus Cristo expôs com clareza que o homem precisa dar o **PRIMEIRO PASSO**.

"Peçam, e lhes será dado; busquem, e encontrarão; batam, e a porta lhes será aberta."

(Mateus 7:7)

Nas Escrituras, lemos:

"Perguntai-me as coisas futuras; demandai-me acerca de meus filhos, e acerca da obra das minhas mãos."

A Inteligência Infinita, Deus, está sempre pronta para realizar as menores ou maiores exigências do homem. Cada desejo, dito ou não declarado, é uma exigência. Com frequência, nos surpreendemos ao ter um desejo atendido subitamente.

Por exemplo: em uma Páscoa, vendo muitas roseiras bonitas nas janelas da floricultura, desejei receber uma e por um instante a vi, mentalmente, ser trazida pela porta.

A Páscoa chegou e, com ela, uma linda roseira. Agradeci a minha amiga no dia seguinte, e disse a ela que era exatamente o que eu queria.

Ela respondeu:

– Não lhe mandei uma roseira, mandei lírios!

O homem confundiu o pedido e me mandou uma roseira, apenas porque eu havia colocado a lei em ação e **PRECISAVA TER UMA ROSEIRA**.

Nada fica entre o homem, seus ideais máximos e cada desejo de seu coração, a não ser a dúvida e o medo. Quando o homem consegue "desejar sem se preocupar", cada desejo seu será instantaneamente realizado.

Explicarei com mais detalhes em um capítulo adiante a razão científica para isso, e o medo precisa ser apagado da consciência. Ele é o único inimigo do homem: medo de insuficiência, medo do fracasso, medo da doença, medo da perda e uma sensação de **INSEGURANÇA A CERTO NÍVEL**. Jesus Cristo disse: "Por que vocês estão com tanto medo, homens de pouca fé?" (Mateus 8:26). Então podemos ver que precisamos substituir o medo pela fé, pois o medo é apenas a fé invertida; é a fé no mal em vez de no bem.

O objetivo do jogo da vida é enxergar com clareza o bem em alguém, e apagar todas as imagens mentais do mal. Isso precisa ser feito gravando na mente subconsciente a compreensão do bem. Um homem muito genial, que alcançou grande sucesso, disse que havia apagado subitamente todo o medo de sua consciência ao ler uma placa pendurada em uma sala. Ele viu gravada, em letras gigantes, a frase: "POR QUE SE PREOCUPAR? É PROVÁVEL QUE NUNCA ACONTEÇA". Essas palavras foram carimbadas para sempre em sua mente subconsciente, e agora ele tem a firme convicção de que apenas coisas boas surgem em sua vida, e portanto apenas COISAS BOAS SE MANIFESTAM.

No capítulo seguinte, lidarei com os diferentes métodos de fixar a mente subconsciente. Ela é um servo fiel ao homem, mas é preciso ter cuidado para impor as ordens corretas. Há sempre um ouvinte silencioso ao lado do homem: seu subconsciente. Cada pensamento, cada palavra é fixada nele e executada com detalhes incríveis. É como um cantor gravando na superfície sensível de um disco. Cada nota e tom da voz do cantor é registrada. Se ele tosse ou hesita, também fica registrado. Então, que possamos nos permitir quebrar todos as gravações antigas e ruins na mente subconsciente, as gravações de nossas vidas que não desejamos manter, e criar gravações novas e mais bonitas.

Diga essas palavras em voz alta, com poder e convicção: "Agora eu quebro e destruo (pela palavra dita) cada gravação infundada na minha mente subconsciente. Elas devem retornar para a pilha empoeirada de sua inexistência inata, pois surgem das minhas próprias imaginações fúteis. Eu agora crio minhas gravações perfeitas através do Cristo interior: as gravações da SAÚDE, PROSPERIDADE, AMOR E AUTOEXPRESSÃO PLENAS". Esse é o quadrado da vida, O JOGO COMPLETO.

Nos capítulos seguintes, mostrarei como o homem pode ALTERAR suas CONDIÇÕES AO ALTERAR SUAS PALAVRAS. Qualquer homem que não conheça o poder da palavra está atrasado. "A MORTE E A VIDA ESTÃO NO PODER DA LÍNGUA." (Provérbios 18:21)

A lei da prosperidade

Uma das maiores mensagens dadas à humanidade pelas Escrituras é a de que Deus provém o homem, e que o homem pode libertar, POR MEIO DA PALAVRA FALADA, tudo que lhe pertence de acordo com o direito divino. Ele deve, porém, TER PLENA FÉ NA PALAVRA PROFERIDA.

Isaías disse: "Assim também ocorre com a palavra que sai da minha boca: ela não voltará para mim vazia, mas fará o que desejo e atingirá o propósito para o qual a enviei". Agora sabemos que palavras e pensamentos são forças vibratórias formidáveis, sempre moldando o corpo e as questões do homem.

Uma mulher veio até mim desesperada, dizendo que seria processada no décimo quinto dia do mês por causa de três mil dólares. Ela desconhecia uma maneira de conseguir o dinheiro e estava aflita.

Eu disse a ela que Deus era sua fonte e QUE EXISTE UM SUPRIMENTO PARA CADA DEMANDA.

Então, proferi a palavra! Reconheci que a mulher receberia três mil dólares no momento certo e da maneira certa. Disse que ela precisava ter plena fé e **AGIR DE ACORDO**. O décimo quinto dia chegou, mas nenhum dinheiro se materializou.

Ela me ligou e perguntou o que deveria fazer. Respondi:

– É sábado, portanto não a processarão hoje. O seu papel é agir como se fosse rica, mostrando, assim, ter plena fé de que receberá até segunda.

Ela pediu que almoçássemos juntas para manter sua coragem elevada. Quando me uni a ela no restaurante, eu falei:

– Esse não é o momento para economizar. Peça uma refeição cara, aja como se já tivesse recebido os três mil dólares.

"E tudo o que pedirem em oração, se **CREREM**, vocês receberão."

"Você precisa agir como se **JÁ TIVESSE RECEBIDO**". Na manhã seguinte ela me ligou, e pediu para passar o dia comigo. Eu disse:

– Não, você tem proteção divina e Deus nunca se atrasa.

Ao entardecer, ela me ligou novamente, muito empolgada e falou:

– Minha querida, aconteceu um milagre! Eu estava sentada no quarto hoje de manhã quando a campainha tocou. Falei à minha criada: "Não deixe ninguém entrar". Porém, ela olhou pela janela e disse: "É o seu primo, o que tem a barba branca e comprida". Falei: "Chame-o de volta, gostaria de vê-lo". Ele dobrava a esquina quando ouviu a voz dela e voltou. Após uma hora conversando, já estava prestes a ir embora, quando ele perguntou: "Ah, por falar nisso, como estão as finanças?". Contei que precisava do dinheiro, e ele respondeu: "Minha querida, eu lhe darei três mil dólares no primeiro dia do mês". Não quis contar que vão me processar. O que devo fazer? Não receberei até o primeiro dia do mês e preciso para amanhã.

Eu respondi:

– Continuarei o tratamento. O Espírito nunca está atrasado.

Agradeci por ela ter recebido o dinheiro no plano invisível e por se manifestar na hora certa. Na manhã seguinte, o primo ligou e falou: "Venha até meu escritório agora pela manhã e lhe darei o dinheiro". Naquela tarde ela teve três mil dólares creditados em sua conta e preencheu cheques com o máximo de rapidez que sua animação permitiu.

Se alguém pede por sucesso e se prepara para o fracasso, receberá a situação para a qual se preparou. Por exemplo: um homem veio até mim pedindo que eu falasse que uma certa dívida seria quitada. Percebi que ele passava o tempo planejando o que diria ao homem quando não pagasse a conta; desse modo, ele neutralizava as minhas palavras. Ele deveria ter-se enxergado pagando a dívida.

Temos um magnífico exemplo disso na *Bíblia*, no que se refere aos três reis no deserto, sem água para os homens e os cavalos. Eles consultaram o profeta Eliseu, que forneceu esta mensagem impressionante:

"Porque assim diz o Senhor: Não vereis vento, e não vereis chuva; todavia este vale se encherá de tanta água."

O homem deve se preparar para aquilo que pede, QUANDO NÃO HÁ O MENOR SINAL DESSA REALIZAÇÃO À VISTA.

Veja, uma mulher viu a necessidade de procurar um apartamento durante o ano, em meio a uma grande escassez de apartamentos em Nova York. Era considerado quase impossível, e os amigos dela sentiram pena, dizendo:

– Não é terrível? Você vai ter que guardar seus móveis em um depósito e morar em um hotel.

Ela respondeu:

– Não precisa sentir pena de mim. Sou uma supermulher e conseguirei um apartamento.

Ela proferiu as palavras: "ESPÍRITO INFINITO, ABRA CAMINHO PARA O APARTAMENTO CERTO". Sabia que havia um suprimento para cada pedido e que estava "incondicionalmente" trabalhando no plano espiritual, e que "um com Deus é maioria".

A mulher considerou comprar novos cobertores, quando "o tentador", o pensamento adverso ou a mente racional sugeriu: "Não compre. Talvez, depois de tudo, você não consiga um apartamento e eles serão inúteis". Ela rapidamente respondeu (para si mesma): "Cavarei minha vala comprando os cobertores!" Então, preparou-se para o lar novo, agindo como se já o tivesse encontrado.

De maneira milagrosa, encontrou um, que lhe foi dado, apesar de haver mais de DUZENTOS CANDIDATOS.

Os cobertores mostraram fé atuante.

É desnecessário dizer que as valas cavadas pelos três reis no deserto foram preenchidas até transbordarem. (Leia *II Reis*.)

Entrar no ritmo espiritual das coisas não é tarefa fácil para as pessoas comuns. Os pensamentos adversos de dúvida e medo surgem do subconsciente. Eles são o "exército de forasteiros" que precisam ser derrotados. Isso explica por que "tudo sempre piora antes de melhorar".

Uma manifestação grande, em geral, é antecedida por pensamentos turbulentos.

Ao fazer uma afirmação da Verdade espiritual superior, alguém desafia as crenças antigas no subconsciente, e "erros são expostos" para serem extintos.

Esse é o momento em que alguém deve fazer suas afirmações da verdade repetidamente, alegrar-se e agradecer por já ter recebido.

"Antes de clamarem, eu responderei." Isso significa que "cada dádiva boa e perfeita" já é o homem aguardando o seu reconhecimento.

O homem pode receber apenas aquilo que se vê recebendo.

Aos filhos de Israel foi dito que poderiam possuir toda a terra que avistassem. Isso é verdade para todos os indivíduos. O homem possui apenas a terra que está dentro de sua própria visão mental. Cada trabalho ótimo, cada conquista grandiosa, se manifesta pelo apego à visão, e muitas vezes, logo antes de uma conquista grandiosa, surgem fracasso e desânimo aparentes.

Quando alcançaram a "Terra Prometida", os filhos de Israel tiveram medo de pisar nela, pois ouviram dizer que estava repleta de gigantes, que os faziam sentir como gafanhotos. "Também vimos ali gigantes, filhos de Anaque, descendentes dos gigantes; e éramos aos nossos olhos como gafanhotos, e assim também éramos aos seus olhos." Essa é a experiência de quase todo homem.

Entretanto, aquele que conhece a lei espiritual é intocado pela aparência e alegra-se enquanto "ainda vive em um exílio". Isto é, ele se agarra à sua visão e agradece que o fim está cumprido; recebeu.

Jesus Cristo deu um exemplo maravilhoso disso. Ele disse aos seus discípulos: "Vocês não dizem 'daqui a quatro meses haverá a colheita?' Eu digo a vocês: Abram os olhos e vejam os campos! Eles estão maduros para a colheita". Sua visão clara transpassou o "aspecto material", e ele viu nitidamente a quarta dimensão, as coisas como elas são de verdade: perfeitas e completas na Mente Divina. Portanto, o homem deve sempre se agarrar à visão do fim de sua jornada e exigir a manifestação daquilo que já recebeu. Pode ser seu ideal, saúde, amor, suprimentos, autoexpressão, lar ou amigos.

Tudo isso são ideias perfeitas e finalizadas, registradas na Mente Divina (a própria mente superconsciente do homem), e precisam vir através dele, não até ele.

Por exemplo: um homem me procurou pedindo tratamentos para alcançar o sucesso. Era indispensável que ele angariasse, em um certo período de tempo, cinquenta mil dólares para seu negócio. Quando me procurou, desesperado, o prazo estava quase no fim. Ninguém queria investir em sua empresa, e o banco tinha negado, terminantemente, um empréstimo.

Respondi:

– Suponho que você tenha perdido a razão no banco e, portanto, o seu poder. Você pode controlar qualquer situação se controlar a si mesmo primeiro. Volte lá – acrescentei – e lhe darei um tratamento.

Meu tratamento foi: "Você se reconhece, através do amor, com o espírito de todos ligados ao banco. Deixe a Ideia Divina surgir dessa situação".

Ele respondeu:

– Mulher, você está falando algo impossível. Amanhã é sábado, o banco fecha ao meio-dia, o trem só me deixará lá às dez, e o prazo termina amanhã, e de qualquer forma eles não vão concordar. É tarde demais.

Respondi:

– Deus não precisa de tempo e nunca se atrasa. Com Ele todas as coisas são possíveis. – E acrescentei: – Não sei nada sobre negócios, mas sei tudo sobre Deus.

O homem respondeu:

– Tudo parece ótimo quando estou sentado aqui, ouvindo você, mas é terrível quando saio.

Ele morava em uma cidade distante, e não tive notícias suas por uma semana. Então, uma carta chegou. Dizia: "Você estava certa. Consegui o dinheiro, e nunca mais duvidarei da veracidade de tudo o que me disse".

Eu o encontrei algumas semanas depois e perguntei:

– O que aconteceu? É evidente que você teve tempo de sobra, afinal.

Ele respondeu:

– Meu trem atrasou, e cheguei faltando apenas quinze minutos para o meio-dia. Entrei no banco em silêncio e falei: "Vim pelo empréstimo", e eles me deram sem nem questionar.

Eram os últimos quinze minutos do prazo, e o Espírito Infinito não estava atrasado. Nesse caso, o homem nunca poderia ter-se manifestado sozinho. Ele precisava de alguém que o ajudasse a fixar a visão. Isso é o que um homem pode fazer por outro.

Jesus Cristo conhecia essa verdade quando disse: "Se dois de vocês concordarem na terra a respeito de qualquer coisa que pedirem, isso será feito a vocês por meu Pai que está nos céus". Quando alguém fica muito atento a seus próprios assuntos, torna-se duvidoso e temeroso.

O amigo ou "curador" vê com clareza o sucesso, a saúde ou a prosperidade, e nunca vacila, porque não está próximo da situação. É muito mais fácil "manifestar" para outra pessoa do que para si, portanto uma pessoa não deveria hesitar em pedir ajuda ao sentir-se vacilar.

Um observador atento da vida disse uma vez: "nenhum homem pode falhar se alguém o considera bem-sucedido". Esse é o poder da visão, e muitos homens fantásticos devem seu sucesso à esposa, à irmã ou a um amigo que "acreditou nele" e se agarrou sem vacilar a esse esquema perfeito.

O poder da palavra

Uma pessoa que conhece o poder da palavra toma muito cuidado com suas conversas. Basta observar a reação de suas palavras para perceber que elas "não retornam vazias". Por meio da palavra falada, o homem está constantemente criando leis para si mesmo.

Conheço um homem que dizia: "Sempre perco um táxi. Eles vão embora toda vez que eu chego". Já a filha dele dizia: "Sempre consigo um táxi. É garantido que eles aparecem assim que eu chego". Isso ocorreu por anos. Cada um criou uma lei distinta para si, uma de fracasso, outra de sucesso. Essa é a psicologia das superstições.

A ferradura ou pé de coelho não tem poder algum, mas a palavra falada do homem e a crença de que trará boa sorte criam expectativa na mente subconsciente e atraem uma "situação de sorte". Entretanto, acho que isso não "funcionará" quando o homem avançar espiritualmente e conhecer uma lei superior. É impossível voltar atrás, e é preciso deixar de lado "imagens de escultura".

Por exemplo: dois homens na minha aula vinham obtendo grande sucesso profissional por meses, quando, de repente, tudo "foi por água abaixo". Tentamos analisar a situação, e descobri que, em vez de fazerem suas afirmações e procurarem Deus para terem sucesso e prosperidade, eles tinham, cada um, comprado um "macaco da sorte". Eu disse:

– Ah, entendo, vocês têm confiado nos macacos da sorte em vez de confiar em Deus. Deixem-nos de lado e recorram à lei do perdão, pois o homem tem o poder de perdoar ou neutralizar seus erros.

Eles decidiram jogar os macacos da sorte em um depósito de carvão, e tudo ficou bem novamente. Isso não significa, porém, que alguém deva jogar fora todos os ornamentos "da sorte" ou ferraduras da casa, mas precisa reconhecer que o poder por trás disso é o poder único de Deus e que o objeto traz apenas uma sensação de expectativa.

Certo dia, eu estava com uma amiga, que se sentia profundamente aflita. Ao atravessar a rua, ela apanhou uma ferradura. No mesmo instante, sentiu-se repleta de alegria e esperança. Ela disse que Deus havia enviado a ferradura para manter sua coragem.

Naquele momento era, de fato, a única coisa que poderia ter sido registrada em sua consciência. Sua esperança tornou-se fé, e ela, no fim de contas, fez uma manifestação maravilhosa. Gostaria de deixar claro que os homens citados anteriormente dependiam única e exclusivamente dos macacos, enquanto essa mulher reconhecia o poder por trás da ferradura.

Eu sei, usando um exemplo próprio, que levei muito tempo para desacreditar que uma coisa específica trazia decepção. Se a coisa acontecia, seguia-se sempre a decepção. Descobri que a única maneira de conseguir mudar o subconsciente era afirmando: "Não existem dois poderes, apenas um poder, Deus, e portanto não existem decepções, e essa coisa significa uma grata surpresa".

Notei uma mudança imediata, e gratas surpresas começaram a surgir em meu caminho.

Tenho uma amiga que disse que nada poderia convencê-la a passar por baixo de uma escada. Falei:

– Se você tem medo, está cedendo à crença de dois poderes, Bem e Mal, em vez de um. Como Deus é absoluto, não pode haver um poder opositor, a não ser que o homem crie um mal falso para si. Para mostrar que você acredita em apenas um poder, Deus, e que não existe poder ou realidade no mal, passe por baixo da próxima escada que encontrar.

Logo depois, ela foi até o banco. Desejava abrir uma caixa que mantinha no cofre, e lá estava uma escada no seu caminho. Era impossível alcançar a caixa sem passar por baixo da escada. Ela se encolheu de medo e deu as costas. Não conseguia encarar o leão em seu caminho. Porém, quando chegou à calçada, minhas palavras ecoaram em seus ouvidos, e ela decidiu voltar e passar por baixo. Foi um grande momento em sua vida, pois escadas a mantinham escravizada há anos. Ela refez seus passos até o cofre, e a escada não estava mais lá! Isso acontece tanto! Se alguém está disposto a fazer alguma coisa que o amedronta, não precisa fazê-la.

É a lei da irresistência, tão pouco compreendida.

Alguém disse que a coragem contém genialidade e magia. Encare uma situação sem medo, e não existirá situação para encarar; ela perderá sua própria força.

A explicação é: o medo atraiu a escada para o caminho da mulher, e a coragem a removeu.

Desse modo, as forças invisíveis estão sempre trabalhando para os indivíduos que se mantêm no "controle", apesar de não saberem disso. Devido ao poder vibratório

das palavras, qualquer coisa que o homem vocalize será atraída. Pessoas que falam sem parar sobre doenças invariavelmente as atraem.

Quando o homem conhece a verdade, deve ser cuidadoso com suas palavras. Por exemplo: tenho um amigo que costuma dizer ao telefone:

– Venha me ver, e teremos uma conversa à moda antiga.

Essa "conversa à moda antiga" significa uma hora de, aproximadamente, quinhentas a mil palavras destrutivas, sendo os tópicos principais perda, insuficiência, fracasso e doença.

Eu respondo:

– Não, muito obrigada. Já tive conversas antiquadas o bastante durante a vida. Elas custam caro demais. Mas ficarei feliz em ter uma conversa moderna e falar sobre o que queremos, em vez do que não queremos.

Há um antigo ditado que diz que o homem atreve-se a usar suas palavras para apenas três objetivos: "curar, abençoar ou prosperar". O que é dito dos outros será dito de si, e o que deseja aos outros está desejando a si mesmo.

"Aqui se faz, aqui se paga."[2]

Se um homem deseja "má sorte" a alguém, com certeza atrairá má sorte para si. Se deseja ajudar alguém a ser bem-sucedido, estará desejando e ajudando a si mesmo a obter sucesso.

O corpo pode ser renovado e transformado através da palavra falada e da visão clara, e o mal pode ser removido por completo da consciência. O filósofo sabe que todas as doenças têm uma correspondência mental, e para curar o corpo é preciso primeiro "curar a alma".

---

[2] No original: "chickens have come home to roost". (N.T.)

A alma é a mente subconsciente e precisa ser "salva" de pensamentos equivocados.

No vigésimo terceiro salmo, lemos: "Refrigera a minha alma". Isso significa que a mente subconsciente, ou alma, deve ser restabelecida com as ideias certas, e o "casamento místico" é o casamento da alma e do espírito, ou da mente subconsciente e superconsciente. Elas precisam tornar-se uma. Quando o subconsciente é inundado pelas ideias perfeitas do superconsciente, Deus e o homem são um só, "Eu e o Pai somos um". Isto é, ele é alguém no reino das ideias perfeitas; é o homem, feito à semelhança e imagem (imaginação) de Deus e recebe poder e domínio sob todas as coisas criadas, sua mente, corpo e acontecimentos.

É seguro dizer que toda doença e toda infelicidade vêm da violação da lei do amor. Um novo mandamento lhes dou, "amem-se uns aos outros", e, no jogo da vida, amor ou benevolência são as peças principais.

Uma mulher que conheço teve, por muitos anos, uma doença de pele terrível. Os médicos disseram que era incurável, e ela estava desesperada. Trabalhava como atriz e receava ter que desistir de sua profissão em breve, e não tinha outra forma de sustento. Entretanto, conseguiu um bom contrato e, na noite de estreia, foi um "sucesso". Recebeu menções lisonjeiras dos críticos e ficou alegre e eufórica. No dia seguinte, recebeu um aviso de dispensa. Um homem no elenco teve inveja do seu sucesso e fez com que ela fosse mandada embora. Ela sentiu o rancor e o ressentimento a possuírem por inteiro e gritou: "Ah, Deus, não me deixe odiar aquele homem". Naquela noite, trabalhou por horas "em silêncio".

Ela disse:

– Logo entrei em um silêncio muito profundo. Parecia estar em paz comigo, com o homem e com o mundo inteiro. Continuei isso pelas duas noites seguintes, e no terceiro dia percebi que estava curada da doença de pele!

Ao pedir por amor ou benevolência, ela havia cumprido a lei, ("porque quem ama aos outros cumpriu a lei"), e a doença (que surgiu de um ressentimento do subconsciente) foi removida.

Críticas contínuas produzem reumatismo, pois pensamentos desarmônicos e críticos causam depósitos anormais no sangue, que se fixam nas juntas.

Distúrbios do crescimento são causados por inveja, rancor, falta de perdão, medo etc. Cada doença é causada por uma mente tensionada. Eu disse uma vez, em minha aula:

– Não faz sentido perguntar a alguém "O que o aflige?". Seria melhor perguntar: "Quem o aflige?". A falta de perdão é a causa mais prolífera de doenças. Ela pode enrijecer as artérias ou o fígado e afetar a visão. Transporta males infinitos.

Visitei uma mulher um dia, que dizia estar doente por ter comido uma ostra contaminada. Eu retruquei:

– Ah, não, a ostra era inofensiva; *você* a contaminou. O que a aflige?

Ela respondeu:

– Ah, aproximadamente dezenove pessoas.

Ela havia se desentendido com dezenove pessoas e se tornara tão desarmoniosa que atraiu a ostra errada.

Qualquer desarmonia externa indica que há uma desarmonia mental. "O mundo exterior é o reflexo do mundo interior."

Os únicos inimigos do homem estão dentro dele próprio. "E assim os inimigos do homem serão os da sua própria casa." Personalidade é um dos últimos inimigos a serem derrotados, visto que esse planeta está começando a instaurar o amor. Foi a mensagem de Cristo: "Paz na terra e boa vontade para com os homens". O homem esclarecido, portanto, se esforça para se autoaperfeiçoar diante de seu vizinho. Seu trabalho é consigo mesmo, para emitir benevolência e bênçãos a cada homem, e a maravilha disso é que, se alguém abençoa um homem, ele não tem poder para prejudicá-lo.

Por exemplo: um homem veio até mim pedindo um "tratamento" para ter sucesso nos negócios. Ele vendia maquinários, e um rival apareceu em cena com o que ele declarou ser uma máquina melhor, e o meu amigo temeu ser derrotado. Eu disse:

– Em primeiro lugar, precisamos eliminar todo o medo e reconhecer que Deus protege os seus interesses, e que a Ideia Divina virá dessa situação. Isto é, a máquina certa será vendida pelo homem certo e para o homem certo.

E acrescentei:

– Não se agarre a nenhum pensamento de censura com relação ao homem. Abençoe-o o dia todo e esteja receptivo a não vender sua máquina se essa não for a Ideia Divina.

Assim, ele foi à reunião, sem medo, sem resistência e abençoando o rival. Ele disse que o resultado foi realmente impressionante: a máquina do outro homem se recusou a funcionar, e ele vendeu a sua sem a menor dificuldade.

"Eu, porém, vos digo: Amai a vossos inimigos, bendizei os que vos maldizem, fazei bem aos que vos odeiam, e orai pelos que vos maltratam e vos perseguem."

A BENEVOLÊNCIA PRODUZ UMA GRANDE AURA DE PROTEÇÃO SOBRE AQUELE QUE A EMITE, E "TODA A FERRAMENTA PREPARADA CONTRA TI NÃO PROSPERARÁ". EM OUTRAS PALAVRAS, AMOR E BENEVOLÊNCIA DESTROEM OS INIMIGOS DENTRO DE NÓS MESMOS, PORTANTO O HOMEM NÃO TEM INIMIGOS EXTERNOS!

"PAZ NA TERRA ENTRE OS HOMENS DE BOA VONTADE."

A lei da irresistência

Nada no mundo consegue enfrentar uma pessoa absolutamente irresistente. Os chineses dizem que a água é o elemento mais poderoso, por não resistir. Pode desgastar uma rocha e varrer tudo diante dela. Jesus Cristo disse: "não resistais ao mal", pois Ele sabia que, na realidade, não há maldade, portanto não há nada a que resistir. O mal vem da "imaginação infrutífera" do homem, ou seja, da crença de dois poderes: bem e mal

Há uma antiga lenda que diz que Adão e Eva comeram de "Maya, a árvore da ilusão", e viram dois poderes em vez de um único poder, Deus.

SENDO ASSIM, O MAL É UMA LEI FALSA QUE O HOMEM CRIOU PARA SI, POR MEIO DO PSICOMA OU SONO DA ALMA. Sono da alma significa que a alma do homem foi hipnotizada pela crença de sua espécie (do pecado, doença, morte etc.), que é o pensamento carnal ou mortal, e que os acontecimentos da vida são um retrato externo de suas ilusões.

Lemos, em um capítulo anterior, que a alma do homem é sua mente subconsciente e que o que quer que ele sinta em profusão, seja bom ou ruim, é externalizado por esse servo fiel. Seu corpo e circunstâncias exibem o que ele tem imaginado. O homem doente imaginou doença; o homem pobre, pobreza; o homem rico, riqueza.

As pessoas costumam dizer: "Por que uma criança pequena atrai doença se é pequena demais até para saber o que isso significa?". Respondo que as crianças são sensíveis e receptivas aos pensamentos dos outros em relação a elas e costumam externalizar os medos de seus pais.

Uma vez ouvi um filósofo dizer: "Se você não controlar sua própria mente subconsciente, ela será controlada por outra pessoa".

As mães tendem, sem perceber, a atrair doença e desastre aos seus filhos, ao mantê-los continuamente em pensamentos de medo e procurando por sintomas.

Por exemplo: uma amiga perguntou a uma mulher se a filhinha dela tinha tido sarampo. A mulher respondeu de pronto: "Ainda não!". Subentendia-se que ela estava esperando pela doença e, portanto, abrindo caminho para o que não queria para si e para a criança.

Porém, o homem que é centrado e firme no pensamento correto, que emite apenas benevolência aos seus semelhantes e que não tem medo não pode ser **TOCADO OU INFLUENCIADO PELOS PENSAMENTOS NEGATIVOS DOS OUTROS**. Na verdade, esse homem só pode receber pensamentos positivos, pois ele transmite apenas pensamentos bons.

Resistência é o Inferno, pois coloca os homens em um "estado de tormento".

Certa vez, um filósofo me deu uma fórmula maravilhosa para não deixar escapar nada no jogo da vida: é o auge da irresistência. Ele a explicou assim: "Em um certo momento de minha vida, batizei crianças e, é claro, elas tinham muitos nomes. Agora, deixei de batizá-las, mas batizo situações e **DOU O MESMO NOME A CADA UMA DELAS**. Se eu tiver um fracasso, batizo-o de 'sucesso', em nome do Pai, do Filho e do Espírito Santo!"

Nisso vemos a grande lei da transformação, estabelecida na irresistência. Por meio da palavra falada, cada fracasso dele foi transformado em sucesso.

Por exemplo: Uma mulher que precisava de dinheiro e conhecia a lei espiritual da opulência era sempre forçada a trabalhar com um homem que a fazia se sentir muito pobre. Ele falava sobre escassez e limitações, e ela começou a perceber os pensamentos pobres do homem e, portanto, começou a odiá-lo e a culpá-lo por seu fracasso. Ela sabia que, para manifestar sua provisão, precisava primeiro sentir como se **JÁ TIVESSE RECEBIDO** (um sentimento de opulência deve preceder sua manifestação).

Um dia, tornou-se aparente que ela resistia à situação e via dois poderes em vez de um. Então, abençoou o homem e batizou a situação de "sucesso". Ela afirmou: "Como existe apenas um poder, Deus, esse homem está aqui para meu benefício e minha prosperidade" (exatamente o que ele não parecia estar fazendo). Logo depois ela conheceu, **POR MEIO DESSE HOMEM**, uma mulher que lhe pagou milhares de dólares por um serviço prestado, e o homem se mudou para uma cidade distante, dissipando-se de sua vida. Afirme: "Cada homem é um elo de ouro na corrente do meu interesse", pois todos os homens são a manifestação de Deus, **ESPERANDO PELA OPORTUNIDADE DADA PELO PRÓPRIO HOMEM DE SERVIR AO PLANO DIVINO DE SUA VIDA.**

"Abençoe seu inimigo e você o privará de sua munição". As flechas dele serão transformadas em bênçãos.

Essa lei é válida tanto para nações quanto para indivíduos. Se uma nação não enviar amor e boa vontade a cada habitante, ela perderá seu poder de prejudicar. O homem só pode adquirir o conceito correto de irresistência através do entendimento espiritual.

Meus estudantes dizem frequentemente:
– Não quero ser um capacho.
Respondo:
– Quando a irresistência é usada com sabedoria, ninguém é capaz de pisar em cima de você.

Outro exemplo: outro dia eu esperava, com impaciência, por uma ligação importante. Neguei todas as chamadas recebidas e não fiz nenhuma, cogitando que poderiam interferir naquela que eu aguardava.

Em vez de dizer "ideias divinas nunca entram em conflito; a ligação virá no momento certo" e deixar que a Inteligência Infinita tomasse as providências, comecei a controlar as coisas por mim mesma. Fiz com que essa batalha se tornasse minha, e não de Deus, e continuei tensa e preocupada. O telefone não tocou por aproximadamente uma hora, e, olhando para ele, percebi que o interruptor estava fora do gancho todo aquele tempo e que o telefone estava desconectado. Minha ansiedade, meu medo e minha crença na interferência provocaram um eclipse total do telefone. Ao perceber o que havia feito, comecei a abençoar a situação imediatamente; batizei-a de "sucesso" e afirmei: "Não posso perder nenhuma ligação que me pertença por direito divino; estou sob A GRAÇA, E NÃO SOB A LEI".

Uma amiga se apressou até o telefone mais próximo para pedir à companhia que restabelecesse a conexão. Ela entrou em uma mercearia lotada, mas o proprietário deixou seus clientes e atendeu, ele mesmo, ao pedido. Meu telefone foi reconectado após dois minutos e, cerca de uma hora depois, recebi aquela chamada que aguardava.

"Os navios chegam por um mar calmo."

Enquanto o homem resistir a uma situação, ele a terá consigo. Se fugir, ela correrá atrás dele.

Por exemplo: Repeti isso para uma mulher, certa vez, e ela então respondeu:

– Isso é verdade! Estava infeliz em casa, não gostava de minha mãe, que era crítica e dominadora; então fugi e me casei. Mas me casei com a minha mãe, porque meu marido era exatamente como ela, e tive de encarar a mesma situação mais uma vez. "Aceite o seu adversário rapidamente."

Isso significa: concorde que a situação adversa é boa, não seja afetado por ela, e ela perderá sua força. "Nenhuma dessas coisas me abala" é uma afirmação maravilhosa.

As situações desarmônicas vêm da desarmonia dentro do próprio homem. Quando não há, nele, nenhuma resposta emocional a uma situação desarmônica, ela desaparece para sempre de seu caminho.

Portanto, vemos que o trabalho do homem é sempre com ele mesmo.

As pessoas já me disseram: "Me dê um tratamento para mudar o meu marido ou meu irmão". Eu respondo: "Não, dou TRATAMENTO PARA MUDAR VOCÊ. Quando mudar, seu marido e seu irmão também mudarão".

Uma das minhas alunas estava com o hábito de mentir. Eu lhe disse que mentir era um método falho e que, se mentisse, mentiriam para ela.

Ela respondeu:

– Não me importo. Não consigo viver sem mentir.

Um dia, ela falava ao telefone com um homem por quem estava muito apaixonada. Ela virou-se para mim e falou:

– Não confio nele. Sei que está mentindo para mim.

Respondi:

– Bem, você mente, então alguém precisa mentir para você. E esteja certa de que será a pessoa que mais gostaria que fosse verdadeira.

Algum tempo depois a encontrei, e ela me disse:

– Estou curada das mentiras.

Perguntei:

– O que a curou?

Ela respondeu:

– Estou morando com uma mulher que mente mais do que eu!

Muitas vezes, uma pessoa é curada de suas falhas ao vê-las nos outros.

A vida é um espelho, e só encontramos a nós mesmos refletidos em nossos colegas.

Viver no passado é um método falho e uma violação da lei espiritual.

Jesus Cristo disse: "Eis que agora é o tempo aceitável. Agora é o dia da salvação".

A esposa de Ló olhou para trás e foi transformada em uma estátua de sal.

Os ladrões do tempo são o passado e o futuro. O homem deveria abençoar o passado e esquecê-lo, se ele o mantiver em cativeiro; e abençoar o futuro, sabendo que ele lhe reserva infinitas alegrias, mas deve viver **PLENAMENTE O AGORA**.

Por exemplo: uma mulher veio até mim reclamando que não tinha dinheiro para comprar presentes de Natal. Ela disse:

– Ano passado foi tão diferente. Tinha bastante dinheiro e dei presentes incríveis, e neste ano mal tenho um centavo.

Respondi:

– Você nunca manifestará dinheiro enquanto se lamentar e viver no passado. Viva plenamente o AGORA e se prepare para DAR PRESENTES DE NATAL. Cave suas valas, e o dinheiro virá.

Ela exclamou:

– Já sei o que fazer! Vou comprar barbantes dourados, selos de Natal e papel de presente.

Respondi:

– Faça isso, e os PRESENTES VIRÃO E SE COLAR AOS SELOS.

Isso também é mostrar coragem financeira e fé em Deus, pois a mente racional dizia "guarde cada centavo que você tem, pois não tem certeza de que receberá mais".

Ela comprou os selos, papel e barbante e, alguns dias antes do Natal, recebeu de presente algumas centenas de dólares. O ato de comprar os selos e o barbante tinha fixado expectativa no subconsciente e abriu caminho para a manifestação do dinheiro. Ela comprou todos os presentes a tempo.

O homem deve viver suspenso no momento.

"Assim, olhem bem para o dia de hoje! Esta é a saudação da aurora."

Ele precisa estar espiritualmente alerta, sempre esperando as vantagens, aproveitando cada oportunidade.

Um dia, eu disse várias vezes (em silêncio): "Espírito Infinito, deixe-me perceber todas as orientações", e algo muito importante me foi dito naquela noite. É necessário iniciar o dia com as palavras certas.

"Portanto, olhem bem para este dia! Esta é a saudação da Aurora."

Ele deve estar espiritualmente alerta, sempre aguardando suas pistas, aproveitando todas as oportunidades.

Um dia, eu disse continuamente (em silêncio): "Espírito Infinito, não me deixe perder um truque", e algo muito importante me foi dito naquela noite. É muito necessário começar o dia com palavras certas.

Faça uma afirmação logo após acordar.

Por exemplo: "TUA VONTADE SEJA FEITA NESTE DIA! HOJE É DIA DE REALIZAÇÃO. AGRADEÇO POR ESTE DIA PERFEITO. MILAGRES APÓS MILAGRES VIRÃO, E MARAVILHAS SERÃO INFINITAS".

Faça disso um hábito e verá maravilhas e milagres entrar em sua vida.

Certa manhã, peguei um livro e li: "Olhe com admiração para aquilo que está diante de você!". Parecia ser a mensagem para o meu dia, então repeti diversas vezes: "Olhe com admiração para aquilo que está diante de você".

Por volta do meio-dia, recebi uma enorme quantia de dinheiro, algo que vinha desejando para determinado propósito.

Em um capítulo adiante, compartilharei afirmações que percebi serem mais eficazes. Entretanto, nunca se deve usar uma afirmação a menos que ela seja absolutamente satisfatória e convincente à sua própria consciência,

No entanto, ninguém deve usar uma afirmação a não ser que ela o satisfaça por inteiro e seja convincente à sua própria consciência.

E muitas vezes uma afirmação é alterada para se adequar a diferentes pessoas.

Por exemplo, a afirmação a seguir trouxe sucesso para muitos: "Tenho um belo trabalho, um belo sustento, presto belos serviços por um belo pagamento!". Dei as primeiras linhas a uma de minhas alunas, e ela acrescentou as últimas duas. Criou uma afirmação poderosíssima, pois sempre deve existir um pagamento perfeito para serviços perfeitos, e a rima se fixa com maior facilidade no subconsciente. Ela começou a cantar em voz alta e logo recebeu um belo trabalho, um belo sustento, e assim prestou belos serviços por um belo pagamento.

Outro aluno, um homem de negócios, pegou a rima e trocou a palavra "trabalho" por "empresa". Ele repetia: "Tenho uma bela empresa, um belo sustento, presto belos serviços por um belo pagamento!". Naquela tarde, ele fechou um contrato de quarenta e um mil dólares, apesar de não ter havido nenhuma atividade em seus negócios durante meses.

Toda afirmação deve ser formulada com cuidado e levar em conta todos os aspectos.

Por exemplo: conheci uma mulher que passava necessidades e pediu por trabalho. Ela recebeu um ótimo serviço, mas nunca foi paga por ele. Agora, ela sabe que precisa acrescentar: "belo serviço por um belo pagamento".

É o direito divino do homem ter abundância! Mais do que o suficiente!

"E se encherão os teus celeiros abundantemente, e trasbordarão de mosto os teus lagares." Essa é a ideia de Deus para o homem, e, quando o homem quebra as barreiras da escassez em sua própria consciência, a Era de Ouro será dele, e cada desejo íntegro de seu coração será realizado!

"Seus celeiros devem estar cheios, e sua taça deve transbordar!" Essa é a ideia de Deus para o homem, e, quando o homem romper as barreiras da falta em sua própria consciência, a Era de Ouro será dele, e todos os desejos justos de seu coração serão realizados!

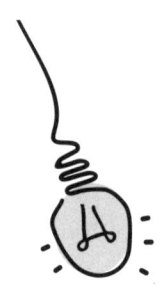

A lei do carma e a lei do perdão

O homem recebe apenas aquilo que oferece. O jogo da vida é um jogo de bumerangue. Os pensamentos, os atos e as palavras do homem retornam para ele, mais cedo ou mais tarde, com precisão surpreendente.

Essa é a lei do carma, do sânscrito "retorno". "Pois aquilo que o homem semear, isso também colherá."

Por exemplo: uma amiga me contou essa história, que ilustra a lei. Ela falou:

– Minha tia é a responsável por todo o meu carma. Tudo o que digo a ela é dito para mim. Costumo estar irritada em casa, e um dia ela falava comigo durante o jantar, e eu falei: "Sem mais conversas, quero comer em paz". No dia seguinte, almocei com uma mulher a quem queria impressionar. Eu falava, animada, quando ela disse: "Sem mais conversas, quero comer em paz".

Minha amiga tem a consciência elevada, então o carma dela retorna muito mais rápido do que o de uma pessoa no plano mental.

Quanto mais o homem sabe, mais ele é responsável, e uma pessoa com conhecimento da lei espiritual que não pratica sofre muito como consequência. "O temor do Senhor (lei) é o princípio da sabedoria". Se lermos a palavra Deus como "lei", tornaremos várias passagens da *Bíblia* mais compreensíveis.

"Minha é a vingança; eu retribuirei", diz o Senhor (lei)." É a lei que se vinga, não Deus. Deus enxerga perfeição no homem, "criado à sua imagem" (imaginação) e com "poder e controle".

Essa é a ideia perfeita do homem, registrada na Mente Divina, aguardando ser reconhecida; pois o homem só pode ser o que ele vê que é e só pode alcançar o que ele se vê alcançando.

"Nada acontece sem um observador", diz um ditado antigo. Primeiro, o homem enxerga seu fracasso ou sucesso, sua alegria ou sofrimento, antes que oscile e torne-se visível a partir de cenas definidas em sua própria imaginação. Observamos isso na mãe que imagina a doença de seu filho ou em uma mulher vendo o sucesso de seu marido.

Jesus Cristo disse: "E conhecerão a verdade, e a verdade os libertará".

Então, percebemos que a liberdade (de todas as condições trágicas e infelizes) vem por meio do conhecimento: conhecimento da lei espiritual.

A obediência antecede a autoridade, e a lei obedece ao homem quando ele obedece à lei. A lei da eletricidade precisa ser obedecida antes de se tornar serva do homem. Quando tratada com ignorância, torna-se um inimigo mortal. **Assim é com as leis da mente!**

Por exemplo: uma mulher com um desejo pessoal muito forte queria uma casa que pertencia a um conhecido seu e sempre fazia imagens mentais de si mesma morando na casa. Com o passar do tempo, o homem morreu, e ela se mudou para a casa. Muitos anos depois, aprofundando-se no conhecimento da lei espiritual, ela me perguntou:

– Você acha que eu tive alguma coisa a ver com a morte daquele homem?

Respondi:

– Sim, seu desejo era tão forte que tudo se ajeitou para que se realizasse, mas você pagou sua dívida cármica. O seu marido, que você amava com tanta devoção, morreu logo em seguida e, por anos, a casa virou um elefante branco em suas mãos.

O proprietário original, entretanto, não poderia ter sido afetado pelos pensamentos dela se se tivesse mantido positivo, nem o marido dela, mas ambos estavam sob a lei cármica. A mulher deveria ter dito (ao sentir um forte desejo pela casa): "Inteligência Infinita, me dê a casa certa, tão encantadora quanto esta, a casa que é MINHA POR DIREITO DIVINO".

A seleção divina lhe teria agradado por completo e levado bondade a todos. O padrão divino é o único padrão seguro para ser utilizado.

O desejo é uma força tremenda e precisa ser direcionado ao canal certo, ou o caos acontecerá.

Ao manifestar, o passo mais importante é o primeiro: **"pedir corretamente"**.

O homem deve pedir sempre (e apenas) por aquilo que é seu **por direito divino.**

Voltando ao exemplo: se a mulher tivesse tomado essa atitude: "se essa casa que eu desejo é minha, não posso perdê-la; se não for, me dê uma equivalente", o homem poderia ter decidido se mudar por vontade própria (se essa fosse a escolha divina para ela), ou outra casa a teria substituído. Qualquer coisa forçada a se manifestar por um desejo pessoal é sempre "imprópria" e tem "um desenlace ruim".

O homem é advertido: "Seja feita a minha vontade, não a Tua", e o curioso é que ele sempre consegue o que deseja quando renuncia à sua vontade pessoal, permitindo, assim, que a Inteligência Infinita trabalhe por meio dele.

"Parai, estai em pé, e vede a salvação do Senhor (lei)".

Uma mulher me procurou, tomada pela angústia. A filha havia decidido fazer uma viagem bastante arriscada, e a mulher estava repleta de medo. Disse ter usado todos os argumentos, apontado os perigos que poderiam aparecer, e a proibido de ir, mas a filha se tornou mais e mais rebelde e determinada.

Eu disse à mãe:

– Você está forçando o seu desejo pessoal na sua filha, o que não tem o direito de fazer. O medo da viagem está apenas atraindo mais medo, pois o homem atrai aquilo que teme. Desista e solte suas amarras mentais. Deixe nas mãos de Deus e use esta afirmação: "Coloco esta situação nas mãos do Amor Infinito e da Sabedoria; se essa viagem for o plano divino, eu a abençoo e deixo de resistir, mas, se não tiver sido divinamente planejada, agradeço por agora ter-se dissolvido e dissipado".

Um dia ou dois depois, a filha falou:

– Mãe, desisti da viagem.

E a situação retornou ao seu vazio natural.

É aprender a "ficar parado", o que parece tão difícil para o homem. Tratei desse assunto com maior profundidade no capítulo da irresistência.

Darei outro exemplo de semear e colher que surgiu de maneira bem curiosa. Uma mulher me procurou dizendo que havia recebido uma nota falsa de vinte dólares no banco. Ela estava bastante incomodada, pois, como ela disse:

– Os funcionários do banco jamais vão admitir que erraram.

Respondi:

– Vamos analisar a situação e descobrir por que você atraiu essa nota.

Ela pensou por algum momento e exclamou:

– Já sei! Por brincadeira, mandei um monte de dinheiro cenográfico a um amigo.

Então, a lei havia lhe enviado a falsa nota, pois desconhece brincadeiras.

Eu disse:

– Agora convocaremos a lei do perdão para neutralizar a situação.

O cristianismo está fundamentado na lei do perdão. Cristo nos salvou da maldição da lei cármica, e o Cristo dentro de cada homem é seu Redentor e Salvador de todas as condições desarmônicas.

Assim, eu disse: "Espírito Infinito, nós convocamos a lei do perdão e agradecemos por ela estar sob a graça e não sob a lei, e não pode perder esses vinte dólares que lhe pertencem por direito divino".

– Volte ao banco – disse a ela – e diga a eles, sem medo, que você a recebeu por engano.

Ela obedeceu e, para sua surpresa, eles se desculparam e deram outra nota, tratando-a com muita cordialidade.

O conhecimento da lei dá ao homem poder para "apagar seus erros". O homem não pode forçar o exterior a ser o que não é.

Se ele deseja riquezas, precisa primeiro ser rico em consciência.

Por exemplo: uma mulher me pediu um tratamento para prosperidade. Ela não se interessava muito pelos assuntos domésticos, e sua casa estava em completa desordem.

Eu disse a ela:

– Se você deseja prosperidade, precisa ser organizada. Todos os homens com grandes riquezas o são. E ordem é a primeira lei do paraíso. – E acrescentei: – Bagunças não a tornarão próspera.

Ela tinha um ótimo senso de humor e começou imediatamente a colocar a casa em ordem. Reordenou os móveis, endireitou as gavetas do escritório, limpou os tapetes e logo conseguiu uma grande manifestação financeira, presente de um familiar. A mulher, por sua vez, ficou mais bonita e se mantém bem financeiramente, estando sempre atenta **às coisas externas e esperando prosperidade, sabendo que Deus é o seu provedor.**

Muitas pessoas ignoram o fato de que presentes e coisas em geral são investimentos e que acumular e economizar acaba levando a perdas.

"Há quem dê generosamente e, no entanto, vê aumentar suas riquezas; outros retêm o que deveriam dar, e caem na pobreza."

Conheci um homem, por exemplo, que queria comprar um casaco de pele. Junto com a esposa, foi a várias lojas, mas não encontrou nenhum que quisesse. Disse que todos pareciam baratos demais. Por fim, o vendedor lhe mostrou um, no valor de mil dólares, que o dono da loja venderia por quinhentos, pois estava no final da temporada. Suas posses financeiras totalizavam cerca de setecentos dólares. A mente racional teria dito: "Você não pode se dar ao luxo de gastar quase tudo o que possui em um casaco", mas ele era muito intuitivo e nunca ponderava. Virou-se para a esposa e falou:

– Se eu comprar esse casaco, terei muito dinheiro!

Então, sua esposa consentiu, fracamente.

Cerca de um mês depois, ele recebeu uma comissão de dez mil dólares. O casaco fez com que ele se sentisse rico, pois o ligava ao sucesso e à prosperidade; sem o casaco, ele não teria recebido a comissão. Foi um investimento que rendeu grandes dividendos!

Se o homem ignorar essas orientações para gastar ou doar, a mesma quantia de dinheiro irá embora de maneira desinteressante ou infeliz.

Por exemplo: uma mulher me disse que, no dia de Ação de Graças, ela informou à família que não poderia arcar com um jantar comemorativo. Ela tinha o dinheiro, mas preferia guardá-lo.

Alguns dias depois, alguém entrou em sua sala e roubou da gaveta do escritório a mesma quantia em dinheiro que o jantar teria custado. A lei sempre se afasta do homem que gasta sem medo, com sabedoria.

Uma das minhas alunas fazia compras com o sobrinho pequeno. O menino clamava por um brinquedo, e ela disse que não tinha dinheiro para comprá-lo. De repente, ela percebeu que estava buscando escassez, em vez de reconhecer Deus como seu provedor!

Então, comprou o brinquedo e, no caminho para casa, **ACHOU NA RUA A MESMA QUANTIA EM DINHEIRO QUE GASTARA.**

O suprimento do homem é inesgotável e infalível quando totalmente confiável, mas a fé ou a confiança devem preceder a manifestação. "Seja-vos feito segundo a vossa fé." "Ora, a fé é o firme fundamento das coisas que se esperam, e a prova das coisas que não se veem", pois ela fixa a visão com firmeza, e as imagens negativas são dissolvidas e dissipadas, e "no devido tempo colheremos, se não enfraquecermos".

Jesus Cristo trouxe a boa notícia (o Evangelho) de que havia uma lei superior, que transcende a lei do carma. É a lei da bondade, ou perdão. É a lei QUE LIBERTA O HOMEM DA LEI DA CAUSA E EFEITO, A LEI DA CONSEQUÊNCIA. "NÃO ESTAIS DEBAIXO DA LEI, MAS DEBAIXO DA GRAÇA."

Foi-nos dito que, neste plano, o homem colhe onde não semeou; as dádivas de Deus apenas vertem sobre ele. "Tudo que o Reino oferece é dele." Esse estado contínuo de bênção aguarda o homem que transpõe os pensamentos da espécie (ou do mundo).

No pensamento do mundo há atribulação, mas Jesus Cristo disse "tende bom ânimo, eu venci o mundo".

O pensamento do mundo é de pecado, doença e morte. Ele enxergou a irrealidade absoluta e disse que a doença e a tristeza passarão, e a própria morte, o último inimigo, será vencida.

Sabemos agora, por um ponto de vista científico, que a morte poderia ser vencida ao gravar na mente subconsciente a convicção da juventude e da vida eterna. O subconsciente, sendo apenas poder sem direção, executa ordens sem questionar. Trabalhando conforme o direcionamento do superconsciente (o Cristo ou Deus dentro de cada homem), a "ressurreição do corpo" seria realizada. O homem não lançaria mais seu corpo à morte; seria transformado no "corpo elétrico", entoado por Walt Whitman, pois o cristianismo se baseia no perdão dos pecados e em "um túmulo vazio".

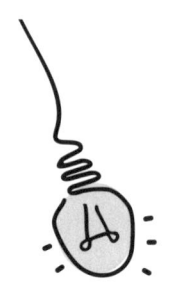

Lançando o fardo: impressionando o subconsciente

Quando o homem conhece a própria força e o funcionamento de sua mente, seu desejo maior é o de encontrar uma maneira fácil e rápida de fixar o bem no subconsciente, pois apenas o conhecimento intelectual da Verdade não trará resultados.

Em minha própria experiência, descobri que a maneira mais fácil é "lançando o fardo".

Certa vez, um filósofo explicou isso da seguinte maneira. Ele disse: "a única coisa que dá força a qualquer coisa na natureza é a lei da gravidade, e, se uma rocha pudesse ser retirada do planeta, não haveria força nela"; e é isso que Jesus Cristo quis dizer quando disse: "O meu jugo é suave, e o meu fardo é leve".

Ele havia vencido a vibração do mundo e atuava no reino da quarta dimensão, onde só há perfeição, realização, vida e alegria. Ele disse: "Vinde a mim todos vós que estais cansados e fatigados sob o peso dos vossos fardos, e eu vos darei descanso". "Tomai sobre vós o meu jugo, pois o meu jugo é suave, e o meu fardo é leve."

Também nos diz, no Salmo 55, para "lançar o teu fardo sobre o Senhor, e ele te susterá". Muitas passagens da *Bíblia* afirmam que a **batalha é de Deus**, e não do homem, e que o homem sempre deve **"permanecer firme" para ver a Salvação do Senhor**. Isso indica que a mente superconsciente (ou o Cristo interior) é o departamento que luta as batalhas do homem e o alivia dos fardos.

Vemos, assim, que o homem viola a lei se carrega um fardo; que o fardo é um pensamento adverso ou condição, e que esse pensamento ou condição tem sua raiz no subconsciente.

Parece quase impossível fazer qualquer progresso direcionando o subconsciente para longe do consciente, ou mente racional, pois a mente racional (ou intelecto) tem concepções limitadas e é cheia de dúvidas e medos.

Então, o quão científico é lançar o fardo sobre a mente superconsciente (ou o Cristo interior) onde se "ilumina" ou se dissolve em seu vazio natural.

Por exemplo: uma mulher, precisando urgentemente de dinheiro, "iluminou" o superconsciente com o Cristo interior, usando a afirmação: "Eu lanço este fardo de carência no Cristo (interior) e me liberto, para possuir em abundância!"

A crença na carência era o seu fardo e, ao lançá-lo sobre o superconsciente com a convicção da abundância, uma avalanche de provisões foi o resultado.

Lemos: "Cristo está em vocês, o que lhes dá a firme esperança de que vocês tomarão parte na glória de Deus".

Outro exemplo: uma das minhas alunas tinha ganhado um piano novo, e não havia espaço em seu estúdio até que o antigo fosse removido. Ela estava em um estado de indecisão. Queria manter o piano antigo, mas não sabia para onde o mandar. Ficou desesperada, porque o piano novo chegaria imediatamente; na verdade, já estava a caminho, sem ter onde ser colocado. Ela disse que surgiu em sua cabeça a afirmação: "Eu lanço este fardo no Cristo interior e me liberto". Algum tempo depois, o telefone tocou, e uma antiga amiga perguntou se poderia alugar o piano antigo, e ele foi levado alguns minutos antes de o piano novo chegar.

Conheci uma mulher cujo fardo era ressentimento. Ela disse: "Lanço este fardo de ressentimento no Cristo interior e me liberto, para ser amorosa, harmônica e feliz". O superconsciente todo-poderoso inundou o subconsciente de amor, e a vida inteira dela se modificou. Por anos o ressentimento a tinha mantido em um estado de tortura e aprisionado sua alma (a mente subconsciente).

A afirmação deve ser feita de novo e de novo e de novo, às vezes por horas, em silêncio ou em voz alta, com tranquilidade, mas com determinação. Muitas vezes comparei várias vezes este processo ao de dar corda em uma vitrola. Precisamos dar corda em nós mesmos com palavras faladas.

Eu notei que, ao "lançar o fardo", as pessoas começam a ver com clareza depois de um tempo. É impossível ter uma visão clara enquanto as dúvidas e o medo da mente carnal envenenam a mente, e o corpo e a imaginação correm indomáveis, atraindo desastre e doença.

Ao repetir constantemente a afirmação "eu lanço este fardo no Cristo interior e me liberto", a visão torna-se clara, e com ela vem um sentimento de alívio; e, mais cedo ou mais tarde, vem a **MANIFESTAÇÃO DO BEM, SEJA ELA SAÚDE, FELICIDADE OU SUPRIMENTO**.

Um dos meus alunos pediu certa vez que eu explicasse a "escuridão que precede a aurora". Mencionei em um capítulo anterior que é comum, antes de uma manifestação grande, "tudo parecer dar errado" e uma depressão profunda nublar a consciência. Significa que, fora do subconsciente, estão crescendo as dúvidas e os medos de todos os tempos. Esses velhos negligenciados do subconsciente sobem à superfície para ser eliminados.

É aí que o homem deveria retinir seu címbalo como Jeosafá, e agradecer por ter sido salvo, apesar de parecer estar cercado pelo inimigo (a situação de escassez ou doença).

O aluno voltou a perguntar:

– Quanto tempo alguém precisa continuar na escuridão?

– **ATÉ QUE "LANCE O FARDO" E CONSIGA ENXERGAR NO ESCURO** – respondi.

Para impressionar o subconsciente, fé ativa é sempre essencial. "A fé sem obras está morta". Nestes capítulos, eu me esforcei para destacar esse ponto. Jesus Cristo mostrou fé ativa quando "ordenou ao povo que se sentasse no chão" antes de agradecer pelos pães e peixes.

Vou dar outro exemplo que mostra o quanto esse passo é necessário. Aliás, fé ativa é a ponte, por onde o homem atravessa para a Terra Prometida.

Devido a um mal-entendido, uma mulher foi separada de seu marido, a quem amava muito. Ele recusou todas as ofertas de reconciliação e não se comunicava com ela de modo algum.

Utilizando o conhecimento da lei espiritual, ela negou o surgimento da separação. Afirmou: "Não há separação na Mente Divina, portanto não posso ser separada do amor e companhia que são meus por direito divino".

Ela mostrou fé ativa ao arrumar o lugar dele na mesa de jantar todos os dias, fixando no subconsciente uma imagem do retorno dele. Mais de um ano se passou, mas ela nunca hesitou e, um dia, ele entrou pela porta.

O subconsciente costuma se sensibilizar com música. A música tem uma natureza de quarta dimensão e liberta a alma do aprisionamento. Faz coisas maravilhosas parecer **POSSÍVEIS E FÁCEIS DE SER CONQUISTADAS!**

Tenho uma amiga que usa a vitrola, diariamente, com esse propósito. Isso a coloca em perfeita harmonia e libera sua imaginação.

Outra mulher costuma dançar enquanto faz suas afirmações. O ritmo, a harmonia da música e o movimento carregam as palavras dela adiante com tremendo poder.

O estudante também precisa se lembrar de não desprezar o "dia das pequenas coisas". Sempre antes de uma manifestação, aparecem "sinais de terra à vista". Antes de Colombo chegar à América, ele viu pássaros e galhos que mostraram que a terra estava próxima. Assim ocorre com a manifestação; mas não é incomum que o estudante confunda os sinais com a própria manifestação e fique decepcionado.

Por exemplo, uma mulher havia "proferido a palavra" por um conjunto de louça. Pouco tempo depois, ganhou um prato velho e lascado de uma amiga. Ela me procurou e disse:

– Bom, eu pedi um conjunto de louça, e tudo o que ganhei foi um prato quebrado.

Respondi:

— O prato foi apenas um sinal de terra à vista. Mostra que a louça está chegando...

E pouco depois as louças chegaram.

"Fazer de conta" repetidamente impressiona o subconsciente. Se alguém faz de conta que é próspero e faz de conta que é bem-sucedido, "no devido tempo colherá". Crianças estão sempre "fazendo de conta", e "a não ser que vocês se convertam e se tornem como crianças, jamais entrarão no Reino dos céus."

Conheço uma mulher que era muito pobre, mas ninguém conseguia fazê-la sentir-se pobre. Ela ganhava uma pequena quantia de dinheiro de amigos ricos, que a lembravam constantemente de sua pobreza, de ser cuidadosa e economizar. Apesar das advertências, ela gastava todos os ganhos em chapéus ou dava um presente para alguém, com um extasiante estado de espírito. Seus pensamentos estavam sempre focados em roupas bonitas e "anéis e outras coisas", mas sem inveja dos outros. Vivia no mundo das maravilhas, e apenas riquezas pareciam ser reais para ela. Em pouco tempo, ela se casou com um homem rico, e os anéis e outras coisas tornaram-se visíveis. Não sei se o homem era a "seleção divina", mas a opulência precisava se manifestar em sua vida, pois era isso que imaginara.

Não há paz ou felicidade para o homem até que ele tenha apagado todo o medo de seu subconsciente. Medo é energia mal conduzida e precisa ser redirecionada ou transformada em fé. Jesus Cristo disse: "Por que vocês estão com tanto medo, homens de pouca fé?". "Todas as coisas são possíveis para aquele que crê."

Meus alunos me perguntam com frequência: "Como posso me livrar do meu medo?"

Eu respondo: "Caminhando até a coisa de que você tem medo".

"O leão é feroz por causa do seu medo."

Encare o leão, e ele desaparecerá; corra e ele correrá atrás de você.

Mostrei em capítulos anteriores como o leão da escassez desapareceu quando o indivíduo gastou dinheiro sem medo, tendo fé que Deus era seu provedor e, portanto, infalível.

Muitos dos meus alunos saíram da servidão da pobreza e agora são supridos com abundância porque perderem todo o medo de gastar dinheiro. A verdade de que Deus é **o Doador e a Dádiva** está gravada no subconsciente; portanto, assim como alguém é Doador, é também Dádiva. Uma declaração esplêndida é: "Agora agradeço a Deus, o Doador, por Deus. A Dádiva".

O homem há tanto tempo se afastou do bem e do seu provedor, por meio de pensamentos de isolamento e escassez, que, às vezes, é preciso dinamite para desalojar essas ideias falsas do subconsciente, e a dinamite é uma situação significativa.

Vimos no exemplo anterior como o indivíduo libertou-se da servidão ao **mostrar coragem**. O homem deveria observar-se de hora em hora para detectar se o motivo que o faz agir é medo ou fé. "Escolham hoje a quem servirão", medo ou fé.

Talvez o medo de alguém seja o caráter. Nesse caso, não evite as pessoas temidas; esteja disposto a encontrá-las com alegria, e elas se provarão "elos de ouro na corrente do bem", ou desaparecerão harmonicamente de seu caminho.

Talvez o medo de alguém seja doença ou germes. Nesse caso, a pessoa deveria colocar-se destemida e serena em uma situação repleta de germes, e ficaria imune. Só é possível apanhar germes se sua vibração estiver na mesma frequência do germe, e o medo arrasta o homem para esse nível. É claro que o germe carregado de doenças é o produto da mente carnal, como todo pensamento deve objetivar. Germes não existem no superconsciente ou na Mente Divina, portanto são produto da "imaginação infrutífera" do homem.

"Em um piscar de olhos", a libertação do homem virá quando ele perceber que NÃO HÁ PODER NO MAL. O mundo material se dissipará, e o mundo da quarta dimensão, o "Mundo das Maravilhas", se manifestará. "E vi um novo céu, e uma nova terra, e não haverá mais morte, nem pranto, nem clamor, nem dor; porque as primeiras coisas já passaram."

Amor

Cada homem neste planeta está começando a instaurar o amor. "Um novo mandamento lhes dou: amem-se uns aos outros". Ouspensky afirma, no livro *Tertium Organum*, que o "amor é um fenômeno cósmico" e abre para o homem o mundo da quarta dimensão, "O Mundo das Maravilhas".

Amor verdadeiro é abnegado e livre de medo. Jorra sobre o objeto de sua afeição, sem exigir nenhum retorno. Sua alegria está na alegria de dar. Amor é a manifestação de Deus e a força magnética mais forte do universo. Amor puro, altruísta, atrai para si o seu próprio amor; sem precisar procurar ou exigir. Quase ninguém tem a menor concepção do que é o amor verdadeiro. O homem é egoísta, tirano ou medroso em seu afeto, perdendo, assim, aquilo que ama. Ciúme é o pior inimigo do amor, pois a imaginação gera tumultos ao ver a pessoa amada atraída por outra, e, invariavelmente, esses medos se objetivam se não são neutralizados.

Por exemplo: uma mulher muito angustiada me procurou. O homem que ela amava a havia deixado por outra mulher e disse que jamais tivera a intenção de se casar com ela. Estava dilacerada pelo ciúme e pelo ressentimento, e disse que esperava que ele sofresse como a fez sofrer. E acrescentou:

– Como ele pôde me deixar se eu o amava tanto?

Respondi:

– Você não está amando aquele homem; você o está odiando. – E acrescentei: – **Você nunca poderá receber o que não está dando. Dê um amor perfeito e receberá um amor perfeito.** Aperfeiçoe-se com esse homem. Dê a ele um amor altruísta, perfeito, sem exigir nada em retorno, não critique ou condene, e **o abençoe onde quer que ele esteja.**

Ela respondeu:

– Não, não vou abençoá-lo até saber onde está!

– Bem – eu falei –, isso não é amor verdadeiro. **Quando você envia amor verdadeiro**, ele retorna para você, seja vindo desse homem ou de seu equivalente, pois, se ele não for sua seleção divina, você não vai querê-lo. Assim como você é um com Deus, você é um com o amor que lhe pertence por direito divino.

Vários meses se passaram e a questão se manteve, mas ela trabalhava consigo mesma de maneira consciente. Eu disse:

– Quando você não estiver mais incomodada pela crueldade dele, ele deixará de ser cruel, pois o estará atraindo por meio de suas próprias emoções.

Contei a ela sobre uma irmandade na Índia que nunca dizia "Bom dia". Eles usavam estas palavras: "**Eu saúdo a divindade que existe em você**". Eles saudavam a divindade em cada homem e nos animais selvagens da floresta, e nunca se feriam, porque VIAM APENAS DEUS em todas as coisas vivas. Eu disse:

– Saúde a divindade nesse homem e diga: "Vejo apenas o seu ser divino. Eu o vejo como Deus o vê, perfeito, feito à Sua imagem e semelhança".

Ela percebeu que estava se tornando mais equilibrada e perdendo gradativamente o ressentimento. Ele era um capitão, e ela sempre o chamava de "o Capi".

Um dia, ela disse, de repente:

– Deus abençoe o Capi, onde quer que esteja.

Respondi:

– Isso é amor de verdade, e, quando você tiver finalizado o "círculo completo" e não se incomodar mais com a situação, terá o amor dele ou atrairá seu equivalente.

Nessa época, eu estava de mudança e não tinha um telefone, por isso perdi o contato com ela por algumas semanas, quando, certa manhã, recebi uma carta dizendo: "Nós nos casamos".

Na primeira oportunidade, telefonei para ela. Minhas primeiras palavras foram:

– O que aconteceu?

– Ah – ela exclamou –, um milagre! Um dia eu acordei e todo o sofrimento havia cessado. Eu o vi naquela noite e ele me pediu em casamento. Nós nos casamos em uma semana, e jamais vi um homem tão devotado.

Há um velho ditado que diz: "NENHUM HOMEM É SEU INIMIGO, NENHUM HOMEM É SEU AMIGO, TODO HOMEM É SEU PROFESSOR".

Portanto, a pessoa deve tornar-se impessoal e aprender o que cada homem tem a lhe ensinar, e logo ele aprenderá suas lições e será livre.

O namorado da mulher estava lhe ensinando sobre o amor altruísta, que cada indivíduo, cedo ou tarde, precisa aprender.

Sofrimento não é necessário para a evolução do homem; é o resultado da violação da lei espiritual, mas poucas pessoas parecem capazes de acordar desse "sono da alma" sem ele. Quando as pessoas estão felizes, normalmente se tornam egoístas, e automaticamente a lei do carma entra em ação. O homem costuma sofrer perdas por causa da falta de valorização.

Conheci uma mulher que tinha um marido bastante agradável, mas ela dizia com frequência:

– Não me importo com o casamento, mas isso não tem nada a ver com o meu marido: simplesmente não me interesso pela vida de casada.

Ela tinha outros interesses e raramente lembrava que tinha um marido. Pensava nele apenas quando o via. Um dia, o marido contou que estava apaixonado por outra mulher e a deixou. Ela me procurou, com tristeza e ressentimento.

Eu respondi:

– É exatamente o que você pediu. Você disse que não se importava em estar casada, então o subconsciente trabalhou para torná-la solteira.

Ela respondeu:

– Ah, sim, estou entendendo. As pessoas conseguem o que desejam, e depois ficam bastante magoadas.

Logo ela ficou em perfeita harmonia com a situação e percebeu que ambos eram muito mais felizes separados.

Quando a mulher se torna indiferente ou crítica e deixa de ser uma inspiração para o marido, ele sente falta do estímulo do início da relação e torna-se inquieto e infeliz.

Um homem veio até mim, deprimido, miserável e pobre. A esposa dele interessava-se pela "ciência dos números" e o fizera ler. Ao que parece, o estudo não foi muito favorável, pois ele disse:

– Minha esposa falou que eu nunca vou ter nada porque sou um dois.

Eu respondi:

– Não me importa qual o seu número, você é uma ideia perfeita na Mente Divina, e nós exigiremos o sucesso e a prosperidade que já estão planejados para você por essa Inteligência Infinita.

Em poucas semanas, ele conseguiu um cargo excelente, e em um ano ou dois depois alcançou um sucesso fantástico como escritor. Nenhum homem é bem-sucedido nos negócios se não ama seu trabalho. O quadro que o artista pinta por amor (à sua arte) é o seu melhor trabalho. Um trabalho medíocre é sempre algo a ser superado.

Nenhum homem consegue atrair dinheiro se o despreza. Muitas pessoas são mantidas na pobreza por dizerem: "O dinheiro não significa nada para mim, e tenho desprezo pelas pessoas que o possuem".

Essa é a razão de tantos artistas serem pobres. O desprezo os separa do dinheiro. Lembro-me de ouvir um artista dizer para outro: "Ele não serve para ser artista, tem dinheiro no banco". Essa atitude da mente, é claro, separa o homem de seu suprimento; ele precisa estar em harmonia com aquela coisa para atraí-la.

Dinheiro é a manifestação de Deus, a liberdade do desejo e da limitação, mas precisa ser mantido sempre em circulação e ser usado da maneira certa. O acúmulo e a poupança reagem com vingança.

Isso não significa que o homem não deva ter casas, terrenos, ações e títulos, pois "os celeiros dos homens íntegros se encherão abundantemente". Significa que o homem não deve poupar o capital caso surja uma ocasião onde o dinheiro é necessário. Ao deixá-lo ir sem medo e com alegria, ele abre caminho para mais dinheiro entrar, porque Deus é o provedor infalível e inesgotável. Essa é a atitude espiritual em relação ao dinheiro, e o grandioso Banco Universal nunca falha!

Vemos um exemplo de economia na produção cinematográfica de *Ouro e Maldição*. A mulher ganhou cinco mil dólares na loteria, mas não queria gastar. Ela guardou o dinheiro e economizou, deixou o marido sofrer e passar fome, e passou a esfregar chão para viver. Ela amava o dinheiro e o colocava acima de tudo, e em uma noite foi assassinada e teve o seu dinheiro roubado.

Esse é um exemplo de "como o amor ao dinheiro é a raiz de todo o mal". O dinheiro em si é bom e benéfico, mas, quando usado para propósitos destrutivos, poupado e economizado, ou considerado mais importante que o amor, traz doenças e catástrofes e a perda do próprio dinheiro.

Siga o caminho do amor, e todas as coisas serão acrescentadas, pois **Deus é amor, e Deus provém**; siga o caminho do egoísmo e da ganância, e as provisões desaparecem, ou o homem é separado delas.

Conheço o caso de uma mulher extremamente rica que acumulava suas rendas. Ela raramente dava presentes, mas estava sempre comprando coisas para si. Gostava muito de colares e, certa vez, uma amiga perguntou quantos ela possuía. Ela respondeu: "sessenta e sete". Ela comprava os colares e os guardava, cuidadosamente enrolados em papel de seda. Seria válido se as joias fossem usadas, mas ela estava violando "a lei do uso". Seu armário estava cheio de roupas que ela nunca usava e de joias que nunca viram a luz do dia. Os braços da mulher estavam gradualmente ficando paralisados de tanto se agarrar às coisas, e, por fim, ela foi considerada incapaz de cuidar de seus negócios, e sua fortuna foi entregue para que outros a administrassem.

Portanto, o homem, ao ignorar a lei, acaba provocando sua própria destruição.

Toda doença e toda infelicidade vêm da violação da lei do amor. Os bumerangues de ódio, ressentimento e criticismo dos homens retornam carregados de enfermidades e sofrimento. O amor parece quase uma arte perdida, mas o homem com o conhecimento da lei espiritual sabe que ele deve ser recuperado, pois, sem ele, "torna-se como o bronze que soa ou como o címbalo que tine".

Por exemplo: tive uma aluna que me procurava, mês após mês, para limpar sua consciência de mágoas. Depois de um tempo, ela chegou a um ponto em que se ressentia apenas de uma mulher, mas aquela única pessoa a mantinha ocupada. Pouco a pouco, ela se tornou equilibrada e harmoniosa e, um dia, todo o ressentimento foi eliminado.

Ela chegou radiante e exclamou:

– Você não consegue entender como estou me sentindo! A mulher me disse algo e, em vez de ficar furiosa, fui amorosa e gentil. E, desculpando-se, ela foi adorável comigo. Ninguém consegue entender a maravilhosa leveza interior que sinto!

O amor e a boa vontade são inestimáveis nos negócios.

Outro exemplo: uma mulher me procurou, reclamando de sua empregadora, contando que a patroa era fria e crítica e não a queria no cargo.

– Bem – respondi –, saúde a divindade da mulher e envie-lhe amor.

Ela disse:

– Não posso. Ela é uma mulher fria como mármore.

Respondi:

– Você se lembra da história do escultor que pediu um determinando pedaço de mármore. Perguntaram-lhe por que o queria, e ele respondeu: "Porque há um anjo no mármore", e com ele produziu uma maravilhosa obra de arte.

– Muito bem, vou tentar – ela respondeu.

Uma semana depois, a mulher voltou e falou:

– Fiz o que você me disse, e agora minha patroa é muito gentil e me dá até carona para casa.

Às vezes, as pessoas estão cobertas de remorso por terem feito algo grosseiro a alguém, talvez anos atrás. Se o erro não pode ser corrigido, seu efeito pode ser neutralizado ao fazer uma gentileza a alguém no **PRESENTE**.

"Uma coisa eu faço: esquecendo-me das coisas que ficaram para trás e avançando para as que estão adiante."

Sofrimento, arrependimento e remorso rompem as células do corpo e envenenam a atmosfera do indivíduo.

Uma mulher me disse, com profunda tristeza: "Trata-me para ser feliz e alegre, porque minha tristeza me deixa tão irritada com os membros da minha família que continuo criando mais carma".

Pediram-me para tratar uma mulher que estava de luto por sua filha. Neguei todas as crenças na perda e na separação e afirmei que Deus era sua alegria, amor e paz. A mulher recobrou o equilíbrio rapidamente, mas mandou um recado por seu filho, que o tratamento estava encerrado, porque estava "tão feliz que era desrespeitoso".

Então, a "mente mortal" adora se agarrar aos lutos e também aos arrependimentos.

Conheci uma mulher que vivia se gabando de seus problemas, portanto, é claro, sempre tinha algo do que se gabar. A ideia antiquada é a de que, se uma mulher não se preocupa com os filhos, não é uma boa mãe. Ora, sabemos que o medo materno é responsável por muitas das doenças e acidentes que se inserem na vida das crianças. Pois o medo retrata vividamente a doença ou a situação temida, e essas imagens objetivam, se não forem neutralizadas.

Feliz é a mãe que pode dizer com sinceridade que deixa o filho nas mãos de Deus e sabe, dessa forma, que ele tem proteção divina.

Por exemplo: uma mulher acordou de repente, no meio da noite, sentindo que seu irmão estava em sérios perigos. Em vez de ceder aos medos, ela começou a fazer afirmações da Verdade, dizendo: "O homem é uma ideia perfeita na Mente Divina e está sempre no lugar certo, portanto meu irmão está no lugar certo e tem proteção divina".

No dia seguinte, ela descobriu que seu irmão estivera muito próximo de uma explosão em uma mina, mas que havia escapado milagrosamente.

O homem é o guardião de seu irmão (em pensamento), e todo homem deveria saber que aquilo que ama habita "no esconderijo do Altíssimo e habita à sombra do Todo-poderoso".

"Nenhum mal te sucederá, nem praga alguma chegará perto da tua habitação."

"O perfeito amor expulsa o medo. Aquele que tem medo não está aperfeiçoado no amor", e "O amor é o cumprimento da Lei".

Intuição ou orientação

Não há nada impossível de ser conquistado para o homem que conhece o poder da palavra e que segue as orientações de sua intuição. Com a palavra, ele coloca em ação forças invisíveis e consegue reconstruir seu corpo ou remodelar seus negócios.

É, portanto, de máxima importância escolher as palavras certas, e que o estudante selecione cuidadosamente a afirmação que deseja catapultar para o invisível. Ele sabe que Deus é seu provedor, que há uma provisão para cada pedido e que a palavra falada liberta esse suprimento.

"Peçam, e lhes será dado."

O homem precisa dar o primeiro passo. "Aproximem-se de Deus, e ele se aproximará de vocês!"

Já me perguntaram muitas vezes como fazer uma demonstração.

Respondo: "Profira a palavra, e então não faça nada até receber uma orientação definitiva". Exija a orientação, dizendo "Espírito

Infinito, revele o caminho para mim, deixe-me saber se há algo que eu possa fazer".

A resposta virá por meio da intuição (ou pressentimento), um comentário casual de alguém, o trecho de um livro etc. As respostas, muitas vezes, têm uma exatidão impressionante. Por exemplo: uma mulher desejava uma grande quantia em dinheiro. Ela proferiu as palavras: "Espírito Infinito, abra caminho para meu suprimento imediato, deixe tudo que é meu, por direito divino, me alcançar, em grandes avalanches de abundância". Então, acrescentou: "Dê-me uma orientação definitiva, deixe-me saber se há algo que eu possa fazer".

O pensamento veio rapidamente: "Dê cem dólares a uma certa amiga (que a havia ajudado espiritualmente)". Ao contar, a amiga respondeu:

– Espere por outra orientação antes de dar o dinheiro.

Ela esperou e, naquele dia, conheceu uma mulher que lhe disse:

– Dei um dólar a alguém hoje. Significou tanto para mim quanto cem dólares significariam para você.

Essa foi, de fato, uma pista inconfundível, por isso ela estava certa em dar o dinheiro. O presente provou-se um ótimo investimento, pois pouco tempo depois o dinheiro chegou até ela de maneira extraordinária.

Dar abre caminho para receber. A fim de movimentar as finanças, deve-se doar. Pagar o dízimo ou dar um décimo de sua renda é um antigo hábito judaico que certamente trará aumento. Muitos dos homens mais ricos deste país pagaram dízimos, e desconheço suas falhas como investimento.

A décima parte vai adiante e retorna abençoada e multiplicada. Mas o presente ou dízimo deve ser dado com amor e alegria, pois

"Deus ama ao que dá com alegria". Contas deveriam ser pagas com alegria; todo o dinheiro deveria ser enviado adiante sem medo e com uma bênção.

Essa atitude mental torna o homem um mestre do dinheiro. É seu para obedecer, e sua palavra falada abre reservatórios vastos de riquezas.

O próprio homem limita seu suprimento com visão limitada. Às vezes, o estudante tem uma compreensão ótima da riqueza, mas teme agir.

A visão e a ação precisam andar lado a lado, como no caso do homem que comprou o casaco de pele.

Uma mulher me procurou pedindo que eu "proferisse a palavra" por um cargo. Então, pedi: "Espírito Infinito, abra caminho para o cargo certo para esta mulher". Nunca peça apenas "um cargo", peça o cargo certo, aquele já planejado na Mente Divina, pois é o único que lhe trará satisfação.

Em seguida, agradeci por ela já o ter recebido, e porque em breve se manifestaria. Em pouco tempo foram-lhe oferecidos três cargos, dois em Nova York e um em Palm Beach, e ela não sabia qual escolher. Eu disse: "Peça uma orientação definitiva".

O prazo estava quase acabando e ela ainda estava indecisa, e um dia ela me telefonou:

– Quando acordei hoje de manhã, pude sentir o cheiro de Palm Beach.

Ela já havia estado no condado antes e conhecia sua fragrância agradável.

Respondi:

– Bem, se você conseguiu sentir o aroma de Palm Beach daqui, com certeza essa é a sua pista.

Ela aceitou o cargo, que se provou um grande sucesso.

É comum a orientação vir em momentos inesperados.

Certo dia, estava andando pela rua quando subitamente senti um desejo intenso de ir a uma certa padaria, a uma ou duas de distância. A mente racional resistiu, argumentando: "Não há nada lá que você queira".

Entretanto, eu havia aprendido a não racionalizar e segui para a padaria. Olhei tudo, e é verdade que não achei nada que eu quisesse, mas, ao sair, encontrei uma mulher em quem eu pensava com frequência e que estava precisando muito da ajuda que eu poderia lhe dar.

Em certas ocasiões, alguém vai por um motivo e encontra outro.

A intuição é uma capacidade espiritual e não explica, apenas **APONTA O CAMINHO**.

Uma pessoa geralmente recebe uma orientação durante um "tratamento". A ideia recém-chegada pode parecer muito irrelevante, mas algumas das orientações de Deus são "misteriosas".

Certo dia, durante um tratamento em minha aula, eu dizia que cada um dos indivíduos receberia uma orientação definitiva. Uma mulher se aproximou no final e disse:

– Enquanto você estava tratando, tive o palpite de tirar meus móveis do depósito e arranjar um apartamento.

Ela tinha vindo para receber tratamento de saúde. Respondi que sabia que, ao conseguir uma casa própria, sua saúde melhoraria, e acrescentei:

– Acredito que o seu problema, que é uma congestão, surgiu por manter coisas guardadas. Congestionamento de coisas causa congestão corporal. Você violou a lei do uso, e seu corpo está pagando o preço.

Então, agradeci pela "ORDEM DIVINA ESTAR ESTABELECIDA EM SUA MENTE, CORPO E CIRCUNSTÂNCIAS".

As pessoas nem sonham em saber como os problemas reagem no corpo. Há uma correspondência mental para cada doença. Alguém pode receber cura instantânea através da compreensão de que seu corpo é uma ideia perfeita na Mente Divina, e, portanto, completo e perfeito; mas, se continuar com os pensamentos destrutivos, acumulando, odiando, temendo, condenando, toda a doença voltará.

Jesus Cristo sabia que toda doença vinha do pecado, mas advertiu o leproso, depois da cura, para que não pecasse mais, para que não lhe sobreviesse coisa pior.

A alma do homem (ou subconsciente) precisa ser lavada até ficar mais branca que a neve, para uma cura permanente; e o filósofo está sempre se aprofundando para encontrar a "ligação".

Jesus Cristo disse: "Não condenem, e não serão condenados".

"Não julguem, e vocês não serão julgados."

Muitas pessoas atraíram doenças e infelicidade ao condenarem os outros.

O que o homem condena atrai para si.

Por exemplo: uma amiga me procurou, sofrendo e com raiva, porque seu marido a tinha abandonado por outra mulher. Ela censurava a outra e repetia:

– Ela sabia que ele era um homem casado, e não tinha o direito de aceitar o interesse dele.

Respondi:

– Pare de censurar a mulher. Abençoe-a e dê um fim nessa situação. Do contrário, atrairá a mesma coisa para si.

Ela não me deu ouvidos e, um ano ou dois depois, tornou-se profundamente interessada por um homem casado.

O homem segura um fio elétrico toda vez que critica ou condena, e fatalmente está sujeito a tomar um choque.

A indecisão é uma pedra de obstáculo em muitos caminhos. Para ultrapassá-lo, repita a afirmação: "Estou sempre sob inspiração direta; eu tomo decisões corretas rapidamente".

Essas palavras se fixam no subconsciente, e logo a pessoa se vê desperta e alerta, tomando decisões certas sem hesitação. Eu descobri que é destrutivo olhar para o plano físico em busca de orientação, pois ele é o plano de muitas mentes, e não a "Mente Única".

Quando o homem abre sua mente para a subjetividade, ele se torna um alvo para forças destrutivas. O plano psíquico é o resultado do pensamento mortal do homem e está no "plano dos opostos". Ele pode receber mensagens boas ou ruins.

A ciência dos números e a leitura de horóscopo mantêm o homem no plano mental (ou mortal), pois lidam apenas com a trajetória cármica. Conheço um homem que deveria ter morrido anos atrás, de acordo com seu horóscopo, mas está vivo e é o líder de um dos maiores movimentos deste país para o crescimento da humanidade.

É preciso ter uma mente muito forte para neutralizar uma profecia maligna. O estudante deve afirmar: "Toda falsa profecia deverá virar nada; todo plano que meu Pai no céu não planejou deverá ser dissolvido e dissipado; a Ideia Divina acontecerá agora".

Contudo, e alguma vez foi dada uma boa mensagem de felicidade vindoura ou riqueza, guarde-a e espere-a, e ela se manifestará mais cedo ou mais tarde, por meio da lei da expectativa.

A vontade do homem deve ser usada para reforçar a vontade universal. "Eu desejo que a vontade de Deus seja feita". É vontade de Deus dar a todos os homens cada desejo legítimo de seu coração, e a vontade do homem deveria ser usada para fixar a visão perfeita, sem hesitar.

O filho pródigo disse: "Eu me porei a caminho e voltarei para meu Pai".

Na verdade, muitas vezes é um esforço da vontade deixar as cascas para os suínos do pensamento mortal. É muito mais fácil, para a pessoa comum, ter medo em vez de fé; portanto a fé é um esforço da vontade.

À medida que o homem se torna espiritualmente desperto, ele reconhece que qualquer desarmonia externa corresponde a desarmonia mental. Se ele tropeça ou cai, é certo que está tropeçando ou caindo na consciência.

Certo dia, uma aluna estava andando pela rua, censurando alguém em pensamento. Ela dizia mentalmente "Aquela mulher é o ser mais desagradável do mundo", quando, de repente, três escoteiros dobraram a esquina correndo e quase a derrubaram. Ela não censurou os meninos, mas imediatamente fez um pedido à lei do perdão e "saudou a divindade" da mulher. Os caminhos da sabedoria são caminhos agradáveis, e todas as suas veredas são de paz.

Quando alguém faz exigências ao Universal, precisa estar pronto para surpresas. É possível que pareça dar errado, quando, na verdade, está dando certo.

Por exemplo: disseram a uma mulher que não havia perda na Mente Divina e, portanto, ela não poderia perder nada que lhe pertencesse; qualquer coisa perdida seria devolvida ou ela receberia seu equivalente. Muitos anos atrás, ela havia perdido dois mil dólares. Emprestara o dinheiro para um familiar, mas a parenta falecera sem mencionar a quantia em seu testamento. A mulher ficou ressentida e brava, pois não tinha nenhum documento escrito que comprovasse a transação, e, como nunca recebeu o dinheiro, decidiu negar a perda e cobrar os dois mil dólares do Banco Universal. Ela teve de começar perdoando a mulher, pois o ressentimento e a falta de perdão fecham as portas desse maravilhoso banco.

Ela fez esta afirmação: "Nego a perda, não existe perda na Mente Divina; portanto, não posso perder os dois mil dólares, que me pertencem por direito divino. QUANDO UMA PORTA SE FECHA, OUTRA SE ABRE".

Ela morava em um apartamento que estava à venda, e no contrato havia uma cláusula que dizia que, se fosse vendido, os inquilinos seriam obrigados a sair do imóvel no prazo de noventa dias. Repentinamente, o locador rompeu o contrato de locação e aumentou o aluguel. Mais uma vez a injustiça estava em seu caminho, mas agora ela estava tranquila. A mulher abençoou o locador e disse: "Se o aluguel aumentou, significa que eu terei mais dinheiro, pois Deus é meu provedor".

Novos contratos de locação foram feitos com o aluguel adiantado, mas, por um engano divino, a cláusula dos noventa dias foi esquecida. Logo depois, o locador teve uma oportunidade de vender o apartamento. Devido ao erro nos contratos novos, os inquilinos mantiveram a posse por mais um ano. O agente ofereceu a cada inquilino duzentos dólares para eles desocuparem o local. Várias famílias se mudaram; três permaneceram, incluindo a mulher. Um ou dois meses se passaram e o agente apareceu novamente. Dessa vez, ele disse para ela.

– A senhora quebraria o contrato pela quantia de mil e quinhentos dólares?

Um pensamento cruzou sua mente: "Aí vêm os dois mil dólares". Ela se lembrou de ter dito aos amigos de apartamento:

– Se mencionarem mais alguma coisa sobre sairmos daqui, agiremos em conjunto.

Assim, sua atitude foi a de consultá-los.

Esses amigos disseram:

– Bem, se ofereceram mil e quinhentos, certamente pagarão dois mil.

E ela recebeu um cheque de dois mil dólares ao sair do apartamento. Foi, certamente, um trabalho extraordinário da lei, e a suposta injustiça estava apenas abrindo caminho para a manifestação.

Isso provou que não há perda e que, quando o homem assume sua posição espiritual, ele recolhe tudo que é seu desse grande Reservatório do Bem.

"Restituirei os anos que foram consumidos pelos gafanhotos".

Esses pensamentos adversos, por si só, roubam o homem, pois "ninguém dá a si mesmo, senão ele mesmo, e ninguém tira de si mesmo, senão ele mesmo".

O homem está aqui para comprovar Deus e "testemunhar a verdade", e ele só pode comprovar Deus trazendo a abundância da escassez e a justiça da injustiça.

"'Ponham-me à prova', diz o Senhor dos Exércitos, 'e vejam se não vou abrir as comportas dos céus e derramar sobre vocês tantas bênçãos que nem terão onde as guardar.'"

Autoexpressão perfeita ou projeto divino

Para cada homem, há uma autoexpressão perfeita. Há uma posição que deve ser ocupada por ele e mais ninguém; algo que ele precisa fazer, que ninguém mais pode; é o seu destino!

Essa realização é mantida, uma ideia perfeita na Mente Divina, aguardando o reconhecimento do homem. Como a capacidade de imaginação é a capacidade criadora, é necessário que o homem veja a ideia antes de ela se manifestar.

Portanto, o maior desejo do homem é o **Projeto Divino de sua vida**. Ele pode não saber qual é, pois há, possivelmente, algum talento extraordinário escondido nas profundezas de seu ser. Seu desejo deveria ser: "**Espírito Infinito, abra caminho para o projeto divino da minha vida se manifestar; permita que o gênio dentro de mim se liberte; deixe-me ver o plano perfeito com clareza**".

O plano perfeito inclui saúde, prosperidade, amor e autoexpressão perfeita. Esse é o **QUADRADO DA VIDA**, que traz felicidade completa. Após desejar, é possível perceber grandes mudanças acontecendo em sua vida, pois quase todo homem se afastou do Projeto Divino.

Sei que, no caso de uma mulher, foi como se um ciclone tivesse atingido toda a sua vida, mas o reordenamento aconteceu rapidamente, e novas e maravilhosas circunstâncias tomaram o lugar das anteriores.

A autoexpressão perfeita nunca será um trabalho, mas será de tal interesse absorvente que parecerá quase uma brincadeira. O estudante também sabe que, como o homem vem ao mundo financiado por Deus, o **SUPRIMENTO** necessário para sua perfeita autoexpressão estará ao alcance.

Por anos, muitos gênios tiveram dificuldades com o suprimento, quando a palavra falada e a fé teriam liberado rapidamente os fundos necessários.

Por exemplo: depois da aula, certo dia, um homem veio até mim e me deu um centavo.

Ele disse:

– Tenho apenas sete centavos no mundo e vou dar um para você, pois tenho fé no poder da sua palavra falada. Quero que profira a palavra para minha perfeita autoexpressão e prosperidade.

Eu "proferi a palavra" e não o vi de novo por um ano. Um dia, ele apareceu, bem-sucedido e feliz, com um maço de notas amarelas no bolso, e falou:

– Logo após você proferir a palavra, ofereceram-me um cargo em uma cidade distante, e agora eu manifesto saúde, felicidade e suprimentos.

A perfeita autoexpressão de uma mulher pode estar em se tornar uma esposa perfeita, uma mãe perfeita, uma dona de casa perfeita, e não necessariamente em ter uma carreira pública.

Exija pistas definitivas, e o caminho se tornará fácil e bem-sucedido.

Não se deve visualizar ou forçar uma imagem mental. Quando exigir que o Projeto Divino entre em sua mente consciente, ele receberá lampejos de inspiração e começará a se ver concretizando grandes realizações. Essa é a imagem, ou ideia, que ele deve manter sem hesitar. Aquilo que o homem procura está procurando por ele (O TELEFONE ESTAVA BUSCANDO GRAHAM BELL!).

Pais nunca deveriam impor carreiras ou profissões aos filhos. Com o conhecimento da Verdade espiritual, o plano divino poderia ser retido no início da infância ou durante o pré-natal. Um tratamento pré-natal deveria ser: "Permita que o Deus nessa criança tenha expressão perfeita; permita que o Projeto Divino de sua mente, corpo e circunstâncias se manifeste durante sua vida, até a eternidade".

Seja feita a vontade de Deus, não a do homem; o padrão de Deus, não o do homem, é o mandamento que encontramos percorrendo todas as Escrituras, e a *Bíblia* é um livro que lida com a ciência da mente. É um livro que diz ao homem como libertar sua alma (ou seu subconsciente) da servidão.

As batalhas descritas são imagens do homem iniciando uma guerra contra os pensamentos mortais. "Os inimigos do homem serão os de sua própria casa". Todo homem é Jeosafá, e todo homem é Davi, que mata Golias (pensamento mortal) com uma pedrinha branca (fé).

Assim, o homem precisa ter cuidado para não ser o "servo mau e preguiçoso" que esconde seu talento. Há uma penalidade terrível a ser paga por não usar sua capacidade.

Frequentemente, o medo fica entre o homem e sua perfeita autoexpressão. O medo do palco prejudicou muitos gênios. Esse medo pode ser vencido pela palavra falada ou pelo tratamento. O indivíduo perde toda a consciência de si e sente apenas que ele é um canal por onde a Inteligência Infinita se expressa.

Ele fica sob inspiração direta, destemido e confiante, pois sente que é o "Pai dentro dele" que realiza o trabalho.

Um garotinho costumava vir a minha aula com sua mãe. Ele pediu que eu "proferisse a palavra" para as provas da escola que se aproximavam. Pedi a ele que afirmasse: "Sou um com a Inteligência Infinita. Sei tudo que deveria saber sobre esse assunto". Ele tinha um bom conhecimento de história, mas estava inseguro na aritmética. Eu o vi depois das provas, e ele me disse:

– Proferi a palavra para a aritmética e passei com a nota mais alta; mas pensei que pudesse resolver sozinho a prova de história e tirei uma nota ruim.

Não é incomum que o homem obtenha uma reviravolta ao estar "confiante demais", o que significa que ele está confiando demais em sua própria personalidade, e não no Pai interior.

Outra de minhas alunas me deu um exemplo disso. Ele fez uma viagem prolongada ao exterior em um verão, visitando muitos países sem saber falar os idiomas. Ela pedia por orientação e proteção a todo minuto, e sua estadia correu tranquila e milagrosa. A bagagem nunca se atrasou nem foi extraviada! Os quartos estavam sempre prontos nos melhores hotéis, e ela teve um serviço perfeito onde quer que estivesse. Ao retornar para Nova York, e conhecendo a linguagem, sentiu que Deus não era mais necessário e começou a cuidar de seus negócios de modo habitual.

Tudo deu errado; suas malas se atrasaram em meio a desarmonia e confusão. O estudante precisa criar o hábito de "praticar a presença de Deus" a cada minuto. "Reconheça o Senhor em todos os seus caminhos". Nada é pequeno ou grande demais.

Às vezes um incidente insignificante pode ser o momento decisivo na vida de alguém.

Robert Fulton, observando a água fervilhando em uma chaleira de chá, viu um barco a vapor!

Já vi estudantes reterem, com frequência, suas manifestações, por resistência ou por apontar o caminho.

Ele deposita sua fé em apenas um canal e dita a maneira como deseja que a manifestação aconteça, o que faz com que as coisas permaneçam estáticas.

"Do meu jeito, não do seu!" é o comando da Inteligência Infinita. Como todo Poder, seja vapor ou eletricidade, precisa de um motor irresistente ou de um instrumento para trabalhar, e o homem é esse motor ou instrumento.

"Vocês não precisarão lutar nessa batalha. Tomem suas posições; permaneçam firmes e vejam o livramento que o Senhor lhes dará, ó Judá, ó Jerusalém. Não tenham medo nem desanimem. Saiam para enfrentá-los amanhã, e o Senhor estará com vocês."

Vemos isso no incidente dos dois mil dólares que retornaram à mulher por meio do locatário quando ela se tornou irresistente e tranquila; e a mulher que conquistou o amor do homem "depois que todo o sofrimento havia cessado".

O objetivo do estudante é o equilíbrio! Equilíbrio é poder, pois dá a chance de o poder de Deus avançar pelo homem, para "realizar de acordo com a boa vontade d'Ele". Com equilíbrio, ele pensa com clareza e toma "decisões corretas rapidamente". "Ele percebe tudo."

A raiva distorce a visão, envenena o sangue, é a raiz de muitas doenças e causa decisões erradas que levam ao fracasso. Ela foi considerada como um dos piores "pecados", pois sua reação é extremamente nociva. O estudante aprende que, na metafísica, o pecado tem um significado muito mais amplo do que no antigo ensinamento. "Tudo o que não provém da fé é pecado." Ele descobre que medo e preocupação são pecados capitais. Eles são fé invertida e, por meio de imagens mentais distorcidas, transformam em realidade aquilo que se teme. O trabalho do homem é expulsar esses inimigos (da mente subconsciente). "Quando o homem é destemido, ele está pronto!". Maeterlinck diz que "o homem é Deus temeroso".

Como lemos nos capítulos anteriores, o homem só pode derrotar o medo ao enfrentar aquilo que teme. Quando Jeosafá e seu exército se prepararam para encontrar o inimigo, cantando "Deem graças ao Senhor porque o Seu amor dura para sempre", descobriram que seus inimigos haviam se destruído mutuamente e não havia ninguém com quem lutar.

Por exemplo: uma mulher pediu que uma amiga mandasse um recado para outra amiga. A porta-voz tinha medo de transmitir a mensagem, pois sua mente racional dizia "Não se envolva nesse assunto, não dê esse recado". Ela sentia-se perturbada, porque havia feito sua promessa. Por fim, decidiu "encarar o leão" e pedir pela lei da proteção divina. Ao encontrar a amiga a quem deveria dar o recado e abrir a boca para falar, a outra falou:

– Fulano de tal deixou a cidade.

Isso fez com que o recado se tornasse desnecessário, pois a situação dependia de a pessoa estar na cidade. Ao se disponibilizar, deixou, então, de ser uma obrigação; e, como não temeu, a situação desapareceu.

O estudante costuma atrasar sua manifestação pela crença na incompletude. Ele deveria fazer esta afirmação: "Na Mente Divina há apenas completude, portanto minha manifestação está completa. Meu trabalho perfeito, minha casa perfeita, minha saúde perfeita". O que quer que ele deseje são ideias perfeitas registradas na Mente Divina e devem se manifestar "sob a graça e de maneira perfeita". Ele agradece por já ter recebido no invisível e se prepara efetivamente para receber no visível.

Uma das minhas alunas necessitava de uma demonstração financeira. Ela me procurou e perguntou por que não se tinha realizado.

Eu respondi:

– Talvez você tenha o hábito de deixar as coisas inacabadas, e o subconsciente adquiriu o habito de não finalizar nada (assim como o exterior, o interior também).

– Vou para casa terminar algo que comecei há semanas, e sei que será um símbolo de minha manifestação.

Ela costurou assiduamente, e a peça logo ficou pronta. Pouco tempo depois, o dinheiro veio de maneira muito curiosa. Seu marido recebeu o salário duas vezes naquele mês. Ele contou às pessoas responsáveis pelo pagamento sobre esse erro, e eles mandaram avisar para que o guardassem.

Quando o homem pede ACREDITANDO, ELE RECEBE, POIS DEUS CRIA SEUS PRÓPRIOS CANAIS!

Já me perguntaram algumas vezes, "digamos que alguém tenha muitos talentos. Como saber qual escolher?". Exija que lhe seja mostrado definitivamente, diga: "Espírito Infinito, dê-me uma orientação definitiva, revele-me minha perfeita autoexpressão, mostre-me qual talento preciso utilizar agora".

Já conheci pessoas que entraram de repente em um novo ramo de trabalho e se tornaram totalmente capacitadas, com pouco ou nenhum treinamento. Então afirme "Estou completamente capacitado para o plano divino da minha vida" e seja destemido ao agarrar as oportunidades.

Algumas pessoas doam com alegria, mas são péssimas receptoras. Elas recusam presentes por orgulho ou por algum motivo negativo, bloqueando, assim, seus canais e, invariavelmente, acabam ficando com pouco ou nada. Por exemplo: uma mulher que havia doado uma grande quantia de dinheiro recebeu um presente de milhares de dólares. Ela se recusou a aceitar, dizendo que não precisava. Pouco tempo depois, suas finanças ficaram "apertadas", e ela acabou devendo aquela quantia. O homem deve receber honrosamente o pão que lhe retorna sobre a água – "De graça recebestes, de graça deveis dar!"

Há sempre um equilíbrio perfeito entre dar e receber, e, embora o homem deva dar sem pensar em retorno, ele violará a lei se não aceitar os retornos que receber, pois todas as dádivas são de Deus, sendo o homem apenas um canal.

O pensamento de carência nunca deve ser pairar sobre o doador. Por exemplo: quando o homem me deu aquele centavo, eu não disse "Coitado, ele não pode se dar ao luxo de me dar isso". Eu o enxerguei abastado e próspero, com seu suprimento transbordando. E foi esse pensamento que o atraiu. Se alguém recebe com negatividade, precisa se tornar positivo, aceitando até mesmo um selo postal que lhe for dado, e abrir seus canais para receber. O Senhor ama aquele que recebe com alegria, bem como aquele que dá com alegria.

Com frequência me perguntam por que um homem nasce rico e saudável, e outro, pobre e doente.

Onde há um efeito há sempre uma causa; não existe acaso. Essa pergunta é respondida pela lei da reencarnação. O homem passa por muitos nascimentos e mortes até conhecer a verdade que o liberta.

Ele é trazido de volta ao plano terreno devido a um desejo insatisfeito, para pagar suas dívidas cármicas ou para "cumprir seu destino".

O homem que nasce rico e saudável tem imagens em sua mente subconsciente, em sua vida passada, de saúde e riqueza; e o homem pobre e doente, de doenças e miséria. O homem manifesta, em qualquer plano, a soma total de suas crenças subconscientes.

Contudo, nascimento e morte são leis criadas pelo homem, pois o "salário do pecado é a morte", a queda adâmica na consciência por meio da crença em **DOIS PODERES**. O homem real, espiritual, não nasce e não morre! Ele nunca nasceu e nunca morreu. "Assim como era no princípio agora e sempre, pelos séculos dos séculos."

Portanto, por meio da verdade, o homem se liberta da lei do carma, do pecado e da morte e manifesta o homem criado à "Sua imagem e semelhança". A liberdade do homem vem por meio do cumprimento do seu destino, trazendo à manifestação o Projeto Divino de sua vida.

O Senhor dirá a ele: "Muito bem, servo bom e fiel! Você foi fiel no pouco; eu o porei sobre o muito (a própria morte). Venha e participe da alegria do teu Senhor (vida eterna)".

Negações e afirmações

"O que você decidir se fará, e a luz brilhará em seus caminhos."

Todo o bem a ser manifestado na vida do homem já é um fato concluído na Mente Divina e é liberto por meio do reconhecimento do homem ou da palavra falada. Assim, ele deve ter o cuidado de decretar que apenas a Ideia Divina seja manifestada, pois, muitas vezes, o homem ordena, por meio de "palavras vãs", o fracasso e o infortúnio.

É da mais extrema importância proferir seus desejos corretamente, como foi afirmado em um capítulo anterior.

Se alguém deseja uma casa, amigo, cargo ou qualquer outra coisa boa, precisa pedir à "seleção divina".

Por exemplo: "Espírito Infinito, abra caminho para minha casa perfeita, meu amigo perfeito, meu cargo perfeito. Agradeço por SE MANIFESTAR AGORA SOB A GRAÇA E DA MANEIRA PERFEITA".

A última parte da afirmação é a mais importante. Por exemplo: Conheci uma mulher que desejou mil dólares. Sua filha se machucou, e eles receberam uma indenização de mil dólares, então a quantia não veio da "maneira perfeita".

O pedido deveria ter sido feito assim: "Espírito Infinito, agradeço porque os mil dólares, que são meus por direito divino, estão liberados e chegam a mim sob a graça de forma perfeita".

Ao cultivar uma consciência financeira, o homem deve exigir que as enormes somas de dinheiro, que são suas por direito divino, o alcancem sob a graça, de maneiras perfeitas.

É impossível para o homem liberar mais do que ele pensa ser possível, pois está preso às expectativas limitadas do subconsciente. Ele precisa ampliar suas expectativas para poder receber em maior quantidade.

O homem muitas vezes se limita em suas exigências. Por exemplo: um estudante pediu seiscentos dólares até uma determinada data. Ele recebeu o dinheiro, mas soube depois que esteve muito perto de receber mil dólares. Recebeu apenas os seiscentos, como resultado de sua palavra falada.

"Eles limitaram o Santo de Israel." A riqueza é uma questão de consciência. Os franceses têm uma lenda que exemplifica isso. Um homem pobre andava por uma estrada quando conheceu um viajante, que o parou e disse: "Meu caro amigo, vejo que você é pobre. Pegue esta pepita de ouro que, se vender, ficará rico para sempre".

O homem ficou exultante diante de sua sorte e levou a pepita para casa. Ele conseguiu um emprego imediatamente e tornou-se tão próspero que não precisou vender o ouro. Anos se passaram e ele se tornou muito rico. Um dia, encontrou um homem muito pobre na rua. Ele o parou e disse: "Meu caro amigo, eu lhe darei esta pepita de ouro, e, se vendê-la, ficará rico para o resto da vida". O mendigo levou a pepita, avaliou-a e descobriu que era apenas cobre. Como vemos, o primeiro homem se tornou rico por sentir-se rico, pensando que a pepita era de ouro.

Todo homem tem dentro de si uma grande pepita de ouro; é SUA CONSCIÊNCIA DE OURO, DE OPULÊNCIA, QUE TRAZ RIQUEZA PARA SUA VIDA. Ao fazer os seus pedidos, o homem começa no FIM DE SUA JORNADA, ou seja, declara que JÁ RECEBEU. "Antes de clamarem, eu responderei."

Afirmação contínua firma a crença no subconsciente.

Não seria necessário afirmar mais de uma vez se o indivíduo tivesse fé plena! Não seria necessário pedir ou suplicar, mas agradecer repetidamente por ter recebido.

"O deserto se alegrará e florescerá como a rosa".

Essa alegria que ainda está no deserto (estado de consciência) abre caminho para a liberação. A oração do Pai-nosso assume a forma de comando e exigência: "O pão nosso de cada dia nos dai hoje. Perdoai-nos as nossas ofensas, assim como nós perdoamos a quem nos tem ofendido"; e termina em louvor: "Porque teu é o reino, o poder e a glória para sempre. Amém". "Demandai-me acerca da obra das minhas mãos." O louvor, portanto, é ordem e exigência, exaltação e ação de graças. O trabalho do estudante é fazer com que ele mesmo acredite que "com Deus, todas as coisas são possíveis".

Isso é bastante fácil de afirmar em termos abstratos, mas um pouco mais difícil quando confrontado com um problema. Por exemplo: era necessário que uma mulher manifestasse uma grande quantia de dinheiro dentro de um tempo específico. Ela sabia que precisava fazer algo para uma realização (pois realização é manifestação) e exigiu uma "pista". Ela estava andando por uma loja de departamentos quando viu um cortador de papel esmaltado rosa muito bonito. Sentiu-se "atraída" por ele. Veio um pensamento: "Não tenho um cortador de papel bom o suficiente para abrir cartas com cheques altos". Então ela comprou o cortador, algo que a mente racional teria chamado de extravagância. Quando o segurou nas mãos, vislumbrou uma imagem sua abrindo um envelope que continha um cheque de valor elevado e, em algumas semanas, ela recebeu o dinheiro. O cortador de papel rosa foi sua ponte para a fé ativa.

Muitas histórias são contadas sobre o poder do subconsciente quando dirigidos pela fé.

Outro exemplo: um homem passava a noite em uma casa de campo. As janelas do quarto tinham sido pregadas, e, no meio da noite, ele se sentiu sufocado e caminhou no escuro até a janela. Sem conseguir abri-la, quebrou a vidraça com o punho, respirou a brisa de ar fresco e teve uma agradável noite de sono.

Na manhã seguinte, descobriu que havia quebrado o vidro de uma estante de livros e que a janela tinha permanecido fechada a noite toda. **ELE SE SUPRIU DE OXIGÊNIO, SIMPLESMENTE POR PENSAR EM OXIGÊNIO.**

Quando um estudante começa a fazer uma manifestação, não deveria retroceder jamais. "O que duvida é semelhante à onda do mar. Não pense tal homem que receberá alguma coisa do Senhor."

Um estudante, certa vez, fez esta maravilhosa afirmação: "Quando peço qualquer coisa ao Pai, coloco meus pés no chão e digo 'Pai, não aceitarei nada menos do que pedi, somente mais!'". Portanto, o homem nunca deve ceder: "Tendo feito tudo, permaneça firme". Às vezes, esse é o momento mais difícil de demonstração. Surge a tentação de desistir, de voltar atrás, de fazer concessões.

"Ele também atende aquele que permanece firme e espera."

As demonstrações geralmente ocorrem no último minuto porque o homem se desprende, isto é, para de racionalizar, e a Inteligência Infinita tem uma chance de trabalhar.

"Os desejos sombrios do homem são respondidos de modo sombrio, e seus desejos impacientes se atrasam ou são violentamente atendidos."

Por exemplo: uma mulher me perguntou por que ela estava sempre perdendo ou quebrando seus óculos.

Descobrimos que ela costumava dizer, para si e para os outros, com irritação, "queria conseguir me livrar destes óculos". Assim, seu desejo impaciente era violentamente atendido. O que ela deveria ter pedido era ter uma visão perfeita, mas o que ficou registrado no subconsciente foi apenas o desejo de se livrar dos óculos; portanto, eles continuavam quebrando ou sumindo.

Duas atitudes da mente causam perda: a depreciação, como no caso da mulher que não apreciava o marido, **OU MEDO DA PERDA**, que cria uma imagem de perda no subconsciente.

Quando um estudante consegue livrar-se de seu problema (lançar o fardo), ele recebe uma manifestação instantânea.

Por exemplo: uma mulher estava na rua durante um dia muito chuvoso, e seu guarda-chuva virou do avesso. Ela estava prestes a fazer uma visita a algumas pessoas que não conhecia e não queria fazer sua primeira aparição com um guarda-chuva em mau estado. Ela não podia jogá-lo fora, pois ele não lhe pertencia. Em um ato de desespero, exclamou:

– Deus, encarregue-se deste guarda-chuva, pois não sei o que fazer.

Um momento depois, uma voz atrás dela disse:

– Senhora, gostaria de consertar seu guarda-chuva?

Lá estava um consertador de guarda-chuvas.

– Gostaria, sim – ela respondeu prontamente.

O homem consertou o guarda-chuva enquanto ela entrava em casa para fazer a ligação. E, quando retornou, o objeto estava perfeito. Sempre há um consertador de algo no caminho do homem quando colocamos a "situação" nas mãos de Deus.

Deve-se sempre seguir uma negação com uma afirmação.

Por exemplo: fui chamada ao telefone tarde da noite para tratar de um homem que eu nunca tinha visto. Ele estava aparentemente muito doente. Eu fiz a declaração: "Nego essa aparência doentia. Ela é irreal e, portanto, não pode ser registrada em sua consciência; esse homem é uma ideia perfeita na Mente Divina, substância pura que expressa perfeição".

Não há tempo ou espaço na Mente Divina; sendo assim, a palavra chega ao seu destino instantaneamente e não "retorna vazia". Já tratei pacientes na Europa e descobri que o resultado foi imediato.

Muitas vezes me perguntam qual a diferença entre visualizar e visionar. Visualizar é um processo mental governado pelo raciocínio ou pela mente consciente; visionar é um processo espiritual, governado pela intuição ou pela mente superconsciente. O estudante deveria treinar sua mente para receber esses lampejos de inspiração e desenvolver as "imagens divinas" por meio de pistas definitivas. Quando um homem consegue dizer "desejo apenas o que Deus deseja para mim", um novo conjunto de projetos é dado a ele pelo Arquiteto Mestre, o Deus interior. O plano de Deus para cada homem transcende a limitação da mente racional e é sempre o quadrado da vida, contendo saúde, prosperidade, amor e perfeita autoexpressão. Muitos homens estão construindo para si, em sua imaginação, um bangalô, quando deveriam construir um palácio.

Se um estudante tenta forçar uma demonstração (com a mente racional), ele a paralisa. "Farei com que aconteça depressa", diz o Senhor. Ele deve agir apenas por meio da intuição ou de orientações definitivas. "Descanse no Senhor e espere pacientemente. Confiai também n'Ele, e Ele o fará".

Tenho visto o trabalho da lei nas maneiras mais surpreendentes. Por exemplo: uma estudante afirmou que necessitava de cem dólares até o dia seguinte. Era uma dívida de vital importância que deveria ser paga. Eu "proferi a palavra", declarando que o Espírito nunca estava atrasado e que a provisão estava à mão.

Naquela noite, ela me telefonou contando sobre o milagre. Disse que um pensamento surgiu, indicando que fosse ao cofre do banco para examinar alguns papéis. Examinou a papelada e, no fundo da caixa, havia uma nota nova de cem dólares. Ela ficou perplexa e disse que nunca tinha colocado a nota lá, pois havia remexido naqueles papéis muitas vezes. Pode ter sido uma materialização, como Jesus Cristo materializou os pães e os peixes. O homem chegará ao estágio em que seu "verbo se faz carne", ou materializada, instantaneamente. "Os vastos campos, maduros para a colheita, "se manifestarão na hora, como em todos os milagres de Jesus Cristo".

Só o nome de Jesus Cristo carrega um tremendo poder. Ele representa a **Manifestação da Verdade**. Ele disse: "Eu asseguro que meu Pai dará a vocês tudo o que pedirem em meu nome".

O poder desse nome eleva o estudante à quarta dimensão, em que ele se liberta de todas as influências astrais e físicas e se torna "incondicional e absoluto, visto que o próprio Deus é incondicional e absoluto".

Vi muitas curas ser realizadas ao se usar as palavras "em nome de Jesus Cristo". Cristo era ambos: pessoa e conceito; e o Cristo dentro de cada homem é seu Redentor e Salvador.

O Cristo interior é a própria personalidade quadrimensional do homem, o homem feito à imagem e semelhança de Deus. Essa é a personalidade que nunca falhou, nunca conheceu a doença ou a tristeza, nunca nasceu e nunca morreu. É a "ressurreição e a vida" de cada homem! "Ninguém vem ao Pai senão por mim" significa que Deus, o Universal, trabalhando em seu particular, torna-se Cristo no homem; e o Espírito Santo significa Deus em ação. Assim, diariamente, o homem está manifestando a Trindade do Pai, do Filho e do Espírito Santo.

O homem deve transformar o pensamento em arte. O Mestre Pensador é um artista e tem o cuidado de pintar apenas os projetos divinos na tela de sua mente; e pinta essas imagens com pinceladas magistrais de poder e decisão, tendo plena fé de que não há poder que possa estragar sua perfeição, e que elas manifestarão em sua vida o ideal tornado real.

Todo o poder é dado ao homem (por meio do pensamento correto) para que seu **PARAÍSO** se sobreponha à **TERRA**, e esse é o objetivo de **"O JOGO DA VIDA"**. As regras simples são a fé destemida, a irresistência e o amor!

Que cada leitor agora se liberte daquilo que o tem mantido em cativeiro ao longo dos tempos, ficando entre ele e o que é seu, e conheça "a Verdade que o torna livre". Livre para cumprir seu destino, para manifestar o **PROJETO DIVINO DE SUA VIDA**, saúde, prosperidade, amor e perfeita autoexpressão. "Transformem-se pela renovação da sua mente."

NEGAÇÕES E AFIRMAÇÕES

Para prosperidade:

"Deus é meu provedor infalível, e grandes quantias de dinheiro vêm até mim rapidamente, sob a graça, de maneira perfeita."

Para as condições corretas:

"Todo plano que meu Pai Celestial não planejou deverá ser dissolvido e dissipado, e a Ideia Divina acontecerá agora."

"Apenas aquilo que é verdade para Deus é verdade para mim, pois eu e o Pai somos um só."

"O Amor Divino agora dissolve e dissipa cada condição errada em minha mente, corpo e circunstâncias. O Amor Divino é a substância química mais poderosa do universo e **DISSOLVE TUDO** que não faz parte dele!"

Para fé:

"Assim como sou um com Deus, sou um com o meu bem, pois Deus é tanto o **DOADOR** quanto a **DÁDIVA**. Não posso separar o doador da dádiva."

Para saúde:

"O amor divino inunda minha consciência com saúde, e cada célula do meu corpo está repleta de luz."

Para visão:

"Meus olhos são os olhos de Deus. Enxergo com os olhos da alma. Vejo claramente o caminho livre. Não existem obstáculos em meu trajeto. Vejo claramente o plano perfeito."

Para orientação:

"Sou divinamente sensível às minhas orientações intuitivas e sou instantaneamente obediente à Tua vontade."

Para a audição:

"Meus ouvidos são os ouvidos de Deus. Escuto com os ouvidos da alma. Não sou resistente e estou disposto a ser guiado. Ouço boas notícias com grande alegria."

Para o trabalho certo:

"Tenho um belo trabalho, um belo sustento, presto belos serviços por um belo pagamento."

Para se libertar de toda servidão:

"Lanço este fardo sobre o Cristo Interior e me liberto."

Sobre a autora

Florence Scovel Shinn foi uma artista e professora de metafísica em Nova York, no início do século XX. Seus livros são, de fato, notáveis. Relativamente curtos, mas profundos. Neles, ela mostra que podemos desfrutar de uma série de conquistas na saúde, na prosperidade e na felicidade. Compartilha histórias reais de muitos de seus clientes para ilustrar como atitudes e afirmações positivas, sem dúvida nenhuma, tornam alguém um "vencedor", capaz de controlar as condições da vida e extravasar a abundância por meio do conhecimento da lei espiritual.

É uma das professoras mais bem-sucedidas e populares do século passado. Aparentemente, também tinha muitos seguidores em seu auge, pois suas aulas eram bem frequentadas, e seus livros, bastante populares, não só nos Estados Unidos, mas também no exterior.

Nasceu em 24 de setembro de 1871, em Camden, Nova Jersey. Sua mãe era a senhora Emily Hopkinson, de Pensilvânia. Seu pai,

Alden Cortlandt Scovel, advogado em Camden. Além de Florence, eles tinham uma filha mais velha e um filho mais novo.

Foi escolarizada na Filadélfia, na Friends Central School, e estudou arte na Academia de Belas Artes da Pensilvânia de 1889 a 1897. Foi lá que conheceu seu futuro marido, Everett Shinn (1876–1953), um pintor igualmente renomado, de telas impressionistas e murais realistas.

Apesar de Florence ter sido educada na Academia de Artes, seus desenhos com tinta e caneta resultam de um talento natural, e não de treinamento técnico.

Logo após a formatura de Florence da Academia, Everett e ela se casaram. Os Shinns se mudaram para Nova York, onde seguiram carreiras separadas na arte. Everett interessava-se pelo teatro e não só desenhava e pintava nessa área, como também construiu um pequeno teatro no quintal nos fundos da casa-estúdio onde moravam, no número 112 da Waverly Place, próximo à Washington Square. Ele organizou os "Atores de Waverly" e escreveu três peças, nas quais Florence interpretava o papel principal.

Antes da Primeira Guerra Mundial, ela era ilustradora de literatura infantil popular, em revistas e livros. Em 1912, após catorze anos de casamento, Everett requereu o divórcio.

Em 1925, sem conseguir encontrar um editor para "*O jogo da vida e como jogá-lo*", ela própria o publicou. "*A força da palavra criadora*" foi publicado em 1928, e "*A porta secreta para o sucesso*", em 1940, pouco antes de sua morte, em 17 de outubro de 1940. "*O poder invisível da palavra*" é uma coleção de anotações, reunidas por um aluno e publicadas postumamente em 1945.

Florence Scovel Shinn tinha a habilidade de explicar os princípios de seu sucesso e como eles funcionam, em um estilo agradável e fácil de ler. Ao compartilhar histórias da vida real, ela ilustra como atitudes e afirmações positivas, sem dúvida nenhuma, tornam alguém um "vencedor", capaz de controlar as condições da vida e libertar a abundância por meio do conhecimento da lei espiritual.

A senhora Shinn repercutiu para uma esfera mais ampla com "*O jogo da vida*" em 1940, mas, através de suas escritas artísticas e inspiradas, deixou uma marca indelegável na tela da vida do planeta Terra, que perpetuará expandindo os horizontes de homens e mulheres ao redor do mundo, por muitas gerações.